本当にやりたかったことを、今すぐはじめよう！

本田健
×
バシャール
（ダリル・アンカ）

GET STARTED RIGHT
NOW DOING WHAT
YOU REALLY WANT TO DO!

KEN HONDA
BASHAR

サンマーク出版

まえがきにかえて

バシャールと出会って、私の人生は大きく変わった!

本田 健

私が初めてバシャールと出会ったのは、四半世紀も前です。十年ひと昔というぐらいなので、25年前のことは、ずいぶん遠い過去のような気がします。でも、ついこのあいだのような気もするところが、バシャールの不思議なところです。

バシャールとは、地球からはるか離れたオリオン座近くのエササニという星に住んでいる宇宙存在です。そのバシャールが、ダリル・アンカというアメリカ人の体に入って、メッセージを語ります。

だから、バシャールに会ったといっても、ダリルの体を通して会話をしたというのが正しいのですが、これまでの人生で、私は3回バシャールに会っていて、そのいずれもが、人生の大転換期でした。

最初は、離婚するかどうかで迷っていたときでした。同時に、会計の仕事をどうするかで悩んでいた時期でもあります。

そのときに、「ワクワクすることをしなさい」といわれました。同時期にお会いしたコンサルタントの舩井幸雄さんにも、「好きなこと、得意なことをやりなさい」と、ほぼ同じアドバイスを受けたのを懐かしく思い出します。

その後、いろんな出来事を経て、今のライフワークに徐々に移行していくわけですが、そのときは、ぼんやりとイメージはしていたものの、本を書いたり、講演したりすることは、夢のまた夢でした。

もう20年近く前ですが、「神様がなんでもやっていいっていってくれたら、何をやりますか?」という問いに対して、友人と話し合ったことがあります。

そのときに、「ベストセラー作家になって、世界中に希望を届けるような講演やセミナーをやりたい！」と、つい口から出てしまいました。

ワクワクどころか、なんともいえないイヤな感じがして、その晩、激しく落ち込みました。

今から考えると、それは、つい口走ってしまった大きな夢やビジョンに対して、自分があまりにもちっぽけな存在で、惨めな感じがしたからだと思います。

その後、バシャールがいうワクワクを追いかけてみたい、自分らしく生きたいという気持ちを抑えることができず、何度も挫折しながらも、少しずつ、やりたいことをはじめました。

今でこそ、何千人も講演会に来ていただけるようになりましたが、最初のスタートは、本当にがっかりするようなものでした。

思いきって30名のセミナー会場をとったものの、申込者は、４名。全員感動してくれましたが、正直、自分の集客力（魅力のなさ）に落ち込みました。

「ワクワクすることをやれば、夢はかなうはずじゃなかったの？」と、バシャールに文句をいいたかったのですが、相手は宇宙存在なので、そもそもどこが窓口か、連絡先すらわかりません（笑）。

この本を手にとっていただいたみなさんは、「自分のやりたかったことをやってみたいな」と考えているでしょう。人によっては、まだそれがどういうものか、イメージが湧かないかもしれません。

誰にでも、やりたいことは見つかるし、できると思いますが、簡単にできるとは考えていません。まず、自分ができると思っていなかったり、自信がなかったり、すぐあきらめてしまうようでは、やりたかったことは、できないのです。

私の場合も、何度もあきらめそうになりました。講演会やセミナーに人が集まらない、本がまとまらない、テーマが絞りきれないなど、たくさんの問題がありました。

こんなに苦労したり、悩んだりするぐらいなら、前の生活に戻ったほうがいいのではと思ったのも、一度や二度ではありません。

でも、途中、止まらなかったのは、なぜだと思いますか？

私の場合は、「未来の自分に対する好奇心」でした。

「ベストセラー作家になったら、どんな生活になるんだろう？」

「1000人の前で講演するって、どんな感じがするんだろう？」

「豪華なリゾートホテルで合宿をやったら、楽しいだろうなぁ」

そういったことを考えただけで、ワクワクしてしまいました。

そのおかげで、途中、いろんな悩みは出てきても、行動しつづけたのです。


2回目にバシャールに会ったのは、それから、15年たった2009年です。

なんと、人生をずっと支えてくれたバシャールと対談するという、夢のようなチャンスをいただいたのです。

この15年の間、育児セミリタイアを経て、夢を追いかけてベストセラー作家になることができました。自分のやりたかったこと、ワクワクすることを追いかけて、それが次々と実現したのです。

本が何百万部も売れ、講演会やセミナーは、いつも大盛況といった状態が続きました。なので、どこかで、「自分はワクワクを追いかけている、夢は実現している」とおごった自分がいました。

バシャールとの対談は、4日間ロサンゼルスのホテルのスイートルームで行われました。

そのときに、何を聞いても、「ワクワクすることをやりなさい」といわれ、ちょっと面倒だな、と思いました。それは、「それは、知ってる」「自分は十分やっているよ」「夢は、だいたい実現した」と、感じていたからです。

ですが、あまりに何度もいわれるので、「もし、なんでもやっていいっていわれたら、何をやりたいか?」と自問自答したら、2つのことが出てきました。

1つは、軽井沢とか八ヶ岳などのリゾート地で、立派な研修センターをもつこと。

もう1つは、英語で本を書いて、世界中の言語に展開することです。

その2つを思いついたとき、イヤな汗をかきました。同時に「そんなことは、無理だ。高望みしないほうがいい」という自分がいることに気づきました。

自分の中で、こういう声が聞こえてきました。

「本が何冊かベストセラーになったからといって、研修センターをもつなんていうことは、一作家には分不相応だ。また、日本の作家が英語で本を書くなんて、聞いたことがない。だいいち帰国子女でもなく、留学もしたことのないおまえに書けるはずがない。変な夢は見ないほうがいい。今のままで、十分だろう？」

こんな具合に、もう一人の自分が批判、説得してくるのです。

みなさんも、本書を読みすすめるときに、ネガティブな自分からの批判を体験することでしょう。でもそれは、自分のやりたかったことを思い出したり、急に気づくからこそ、起きることです。

そして瞬時に、「そんなの無理だ。お金がかかる。そんな才能が、エネルギーが、時間がない」といった、〝できない理由〟が、どっとやってくるでしょう。

でも、ここで考えていただきたいのです。

本当にそれは、「絶対に無理なこと」なのか？

人類でそれを成し遂げた人はいないのか？

そう考えると、じつは多くのことは「不可能でない」ことがわかります。

私も、自分の夢を書き出して、何十回も挫折して、ヘコみながら、泣きながら、ワクワクの道を歩んできました。

結果的に、次の年、八ヶ岳に1000坪のヨーロッパ風の研修センターを買いました。

そして、バシャールと再会してから、ちょうど10年後、日本人の著者としてはひじょうに珍しいことですが、英語で本を書き、世界デビューを果たしました。

そうです。

「本当にやりたかったことが、できた！」のです。

ここまで読むと、本田健は例外だ、と思うかもしれません。そんなことは、けっしてありません。

２０１０年にバシャールとの対談『未来は、えらべる！』（ヴォイス）を出版してから、読者のみなさんから、たくさんのメールやお手紙をいただきました。

そこには、自分の夢が次々と実現した様子が書かれていました。

「希望の学校に行けた」「夢の会社に就職できた」「留学できた」「恋人ができた」「結婚できた」「子どもが生まれた」「転職できた」「独立できた」「両親と和解できた」「離婚できた」「海外移住した」

など、ありとあらゆる夢が実現したことが書かれていました。

そういうお手紙やメールを読むたびに、「夢って、かなうもんだなぁ」と思います。

一方で、「夢がなかなか形にならないんですけど……」という人にもよく出会います。

そういう人は、夢がぼんやりしていたり、途中であきらめてしまっているように思います。

どんな人でも、本当にやりたい！　ということが見つかって、そこに全力でぶつかっていけば、たいていのことは実現できると思います。

あなたにも、「本当にやりたかったこと」があるのではないでしょうか？

すぐに思い浮かばない方は、ひょっとしたら、それを認識してしまったら、今の人生を変える必要が出てくるので、考えないようにしているのかもしれません。

本当にやりたいことが見つかって、自分のライフワークを追いかけることになったら、今の会社を辞めなければいけないでしょう。

そうしたら、「パートナー（両親、友人）は何ていうだろう？」と想像して、やっぱり、あんまり突飛なことは考えないようにしようとなってしまうのです。

でも、いったん、あなたがやりたいことに意識を向けてしまったら、大好きな人ができるのと一緒で、その思いはだんだん無視できなくなっていきます。

何をしていても、その存在が、ふと気になってしまうのです。自分の思いを押し殺して生きるのか、その気持ちに正直に生きるのか、それはあなたの選択です。

本書の元になった対談は、ロサンゼルスに100名の日本人をゲストに迎え、収録しました。

当日は、世界中から集まったバシャールファンのエネルギーで、異様な盛り上がりでした。何かすごいことが起きそうな予感がありました。

実際に、バシャールが会場に来たときには、ズ～ンという衝撃波とともに、部屋の空気が一変しました。

それから、これまでに体験したことのないような強烈なエネルギーが来ました。

ふだん、そういうのに鈍感な人でも、その変化は感じたようでした。それからは、笑いあり、涙ありのすばらしいセッションになりました。

おもしろかったのは、途中からみんな催眠にかかったように、眠りはじめたことです。いったい何が起きているの？　という感じで、半数以上の人が強烈なエネルギーのためか、時差ボケのためか、コックリコックリしはじめました。

あれから1年たちますが、その会場で出会い、結婚したカップル、独立を果たしたり、転職、留学、海外移住、離婚したりなど、参加者のみなさんの人生が劇的に変化しているようです。

きっと、この本を読みすすめていくうちに、あなたの中でも、何かが動いていきます。その心の動きもぜひ楽しんでください。

さぁ、いよいよ、その一部始終をお届けします。

では、ご一緒にバシャールの世界を旅しましょう！

本当にやりたかったことを、今すぐはじめよう!　目次

CHAPTER 1

“ワクワク”が行くべき道を教えてくれる
――情熱と人生の目的について

CHAPTER 2

必要なものは、いつでも目の前にある
――パートナーシップと家族について

CHAPTER 3

流れにまかせれば、豊かさがやってくる
――お金と観念について

CHAPTER 4

見えないものが見えると、人生が拓ける

——魂と感情について

CHAPTER 5

最高の未来をつくりだす方法
――次元上昇とパラレルワールドについて

CHAPTER

1

〝ワクワク〟が行くべき道を教えてくれる

――情熱と人生の目的について

ワクワクをたどると本来の道に導かれる

本　田　ご無沙汰しています。今回またお目にかかれて、とてもワクワクしています。

バシャール　みなさん一人ひとりに、そして集団としてのみなさんがたに、今回の共同創造に対して感謝します。

このようなセッションを行うたびに、みなさんの文明と私たちの文明の間に、より強いきずなとつながりが構築されます。

私たちがそれを体験できること、そんなギフトを与えていただきまして、ありがとうございます。

本田　前回お目にかかってから8年になります。
いろいろとキャッチアップすべきことがありますが、まずは質問からはじめさせてください。
あれから8年、バシャールにいわれたとおりにワクワクすることを追いかけてきました。
そして、今回僕がもっともワクワクすること――バシャールに会いに来るということをしたのですが、「一緒に来たい人はいませんか」と声をかけたところ、100人の人が、はるばる日本からやってきました。

バシャール　私はエササニ星から来ました。

本田　どちらかというとそちらのほうが遠そうですね（笑）。

バシャール　そうですね、少しだけ。

では、ご質問や対話などがありましたら、さっそくはじめていただいてけっこうです。

本田　では、まず最初に、ワクワクすることを追いかけるというテーマでお聞きしたいと思います。

ワクワクすることをやればいいとバシャールはいいますが、**ワクワクには2通りあると思います。熱いワクワクと、静かなワクワクです。**

これについて、何か最初にコメントをもらえませんか。

バシャール　両方ともみなさんの本当の波動を代表するものです。

情熱を追っていけば、場合によってはそれが外に向くこともあるでしょうし、内側に表現されることもあるでしょう。

ワクワクするといったからといって、それは走りまわったり、飛びまわったりしなければいけないということではありません。

情熱・熱意をもって行動するということが、静かで平和であるということにつながることもあります。

どんなときでもみなさんが本当の自分であることと整合性がとれるように、それを正確にやっているということを意味しています。

しかし、その情熱・熱意をもって何かをやるということは、**全体の公式の第1段階であるということを忘れないでください。**

第2段階は、自分の最大限の力を生かして、それをできるかぎり続けて、もはやそれを続けられないというところまで突き詰めることです。

第3段階は、自分の熱意をもったことに対して行動を起こし、**いっさい結果に期待しないということです。**

この第3段階はとても重要です。

こうやってワクワクすることをやれば、きっとこういう結果につながるだろうという理想的な成果のビジョンが見えていたとしても、それはワクワクする状態にもっていくために必要なことであって、それに基づいてやっていくことによって本当に自分が得るべきものが得られます。

ときどき自分が思っていたとおり、描いていたとおりになることはありますが、多くの場合、そうではない形の結末で終わります。

ですから、ビジョンをもってやるというのは、適切なワクワク感の状態に自分をもっていくことで、ハイヤーマインドが本当に自分に与えたいものを与えてくれるための手段です。

フィジカルマインド、物理的な頭というのは、いちばんよい成果や結果はどういうものかをわかっているつもりかもしれませんが、実際にはそれを知るべき要素はありません。

今、この瞬間何が起きているのかということを理解することで手いっぱいだからです。

何が起きるか、あるいは起こるべきかということを知ることはありません。それを知っているのはハイヤーマインドのみです。

本田　ということは、たとえば作家になりたいと思って、作家になる勉強をしたとしましょう。

しかし、本来その人は料理人になる運命だったとします。

そうすると、作家になる道が自動的に閉ざされるということでしょうか？　それとも、どこかのタイミングであきらめて、料理のほうに行くべきなのでしょうか？

バシャール　自分がワクワクすることをやって、それに合わせて行動していれば、あとはシンクロニシティにまかせておけば大丈夫です。

シンクロニシティが次々に正しい道のりをつくってくれます。シンクロニシティこそが、いろいろなものを組織立てるためのものです。

たとえば、料理人になるような道のりが見つからず、いちばんワクワクして情熱を傾けられるのは作家になるという気持ちだったとします。それに基づいて行動していけば、いろいろなチャンスや機会で道が開かれていきます。そして、そのような形で自分にとっていちばんワクワクするものにどんどんさらされていくのですが、ワクワクすることというのは必ずしも1つではなくて、複数あることがあります。

たとえば、この人が何かを書いて、それがレストランのシェフの目にとまって、気に入られたとします。

そのシェフから、「すごく本を気に入りました。ぜひその話をしたいので、レストランに来てください」というお誘いがかかるかもしれません。

そのレストランに行って、本の話をしている間に、実際に今度はシェフになるというアイデアが出てきたり、あるいは食べ物や料理の話に移るかもしれません。

その作家が食べ物の話や食べ物を作るという話をしていることにとてもワクワクしているということに、シェフが気づくかもしれません。

シェフが作家に対して、「では、何か作ってみてくれませんか。どれぐらいできるか見てみましょう」と誘ってくれるかもしれません。

その作家は、自分がそんなにおいしいものが作れると知らなかったのに、作ったものをシェフが味見したところ、「なんておいしいんでしょう。じゃあ、このレストランで料理人として働きませんか」と誘われるとします。

そのようにして、作家になることがシェフになることとまったく関係ないように思えても、シンクロニシティがその2つをつなげてくれます。

そして、その人にとってもっともワクワクできることをいろいろな形で、その人にとって必要なすべての形で表現できるようになっていきます。

これで質問の答えになりましたか？

本田　はい。さらにそれについて質問ですが、今の話はラッキーな例という感じがします。

バシャール　ラッキーというものは、じつはありません。運というものはありません。運というのはなく、すべてはシンクロニシティです。

ですから、**正しい状態にあれば、自動的にシンクロニシティが働くという機構がつくられています。**それが現実というものです。

本田　でも、たとえば多くの場合、作家になろうと思っても、作家にすらなれなかったり、夢の実現の途中で終わってしまうことが多いと思うのですが、そういう人はなぜ、シンクロニシティが働かないのでしょうか？

バシャール

その場合、作家になることが本当にその人にとって、いちばんワクワクすることなのでしょうか？

あるいはもしかしたら、もっと他にワクワクすることがあるのではないかということを、考え直さなければいけないと思います。

本当に作家になりたいというのが自分のパッションだとしても、それが実現しない場合、自分で何か壁をつくってしまっていることがあります。

それは自分がどういった信念を基にやっているのかということです。

ですから、作家になることがじつはいちばんワクワクすることだと思っていても、作家になるのが怖かったり、何かを進めたり前に進んだりするのが怖いという気持ちが裏に隠れているかもしれません。

地球の多くの人たちは、じつは自分がいちばん情熱をもったことを進めていくのが怖いと思っています。

というのは、自分がワクワクすることをやることによって、何か悪いことが起きるのではないかと思っているからです。

本　田　でも、一方でエジソンのように、電球を発明するときに何千回も失敗しても挑戦しつづけて、夢がかなったという例もありますよね。

バシャール　それはそうですが、何千回失敗に終わったというのは、それも情熱の一部であって、けっしてそれが壁になっていたわけではありません。

ちなみにエジソンは、電球を実際に発明した人ではなく、ただ微調整してもっとうまく洗練されたものにしただけで、じつは発明した人はもっと早くにいました。

それは、みなさんがインターネットで調べていただければわかることです。

本　田　せっかくですから聞きたいのですが、僕たちの活動はどのぐらい見えているのですか？

バシャール　必要なものだけが見えます。

たとえば、この瞬間はみなさんとここにいるわけですから、今回の対話についての情報がわかります。

さらに、今の時点ではみなさんにお話ししていい内容の情報しか来ませんので、今知っていることというのはみなさんに伝えていい情報だけです。それしか知りません。

自分自身を生きることこそが人生の目的

本　田　次は人生の意味、人生の目的について聞きたいと思います。
それはライフワークとつながっていると思いますが、その人が生まれた意味、人生の目的について、バシャール的なコメントをもらえませんか？

バシャール　目的はみなさん同じです。**いちばんいい形の自分自身であるということです。**

でも、それはいろいろな形で表現されていきます。仕事で表す人もいれば、パッションを通して表す人もいます。

でも、基本的な使命は自分自身であることです。というのは、誰もがユニークな存在だからです。

みなさんは存在の独特な、ユニークな側面です。あなた以外の誰も、あなたであることはできません。

ですから、最高の自分でいることによって、存在そのものがいちばん拡張した形で、それぞれのいろいろなアスペクトを通して経験できるわけです。

だからこそ、その公式をみなさんにお伝えしているのです。

それは、自分がもっとも情熱をもっていることを、自分の最大限の力をもって、結果にこだわらずに実行していくということであって、それによって本当の自分の波動になることができ、それこそが自分の目的になっていきます。

もう1つの言い方をすれば、その人の目的とは、**自分が経験できるす**

べての形で、自分を経験していくということです。

真の自分でいられる状態というのは、自分にとっていちばんエッセンシャルな波動でいることです。

そして、そのような忠実な自分の波動を肉体的に、物理的に解釈することによって、自分のパッションや愛や喜びなどを経験することができます。

そして、目標はそれをどんどん拡張していくということです。そうすることによって、自分自身をもっと経験し、もっと成長し、そして創造自体がさらにそこから膨らんで伸びていくことができます。

本田 答えになりましたか？

はい。日本にはそういうことをやりたいと思いながら、ひきこもってずっと家にいる人が何百万人もいたり、頭の中では好きなことをやりたいのだけれども、なんとなく生活のために仕事にしがみついていたりするという現状の人がいます。

バシャール でも、そういった大人はその仕事をしていなければいけないということではないのですよね。

ただ、そのようにしなければいけないと信じているだけですね。

本　田 はい。それはまさしく観念だと思うのですが。

バシャール そうですね。**存在についての事実は5つしかありません。それ以外は全部観念です。**

本　田 その5つとは何ですか？

バシャール

1つ目。あなたは存在しています。それは不変で、変えることができません。

2つ目。すべてが今、この場にあるということです。それを変えることはできません。事実です。

3つ目。すべてが1つで、1つがすべてです。

4つ目。出したものが返ってくるということです。

5つ目。これらの法則以外はすべて変わるということです。

これは存在の構造を説明したものであって、変わりません。変わるのはその構造をどのように経験するか、そしてそれに対してどのような視点でそれを見ていくかということだけです。

経験は自分が何を信じているかということに基づいています。すべては視点に基づいていますので、視点が変われば経験も変わります。でも、存在の構造自体を変えることはできません。

本田　これは僕のジレンマでもあるのですが……。

バシャール　ジレンマですか？　あるいは楽しいチャレンジということですか？

ジレンマという言葉はひじょうにネガティブなラベルで、ネガティブな定義です。そういう言葉ではなくて、たとえば楽しい挑戦など、もっとポジティブな表現をしてみたらどうでしょうか？

こういう形で自分の定義を変える機会が訪れているわけで、その結果、経験が変わっていきます。

本田　オーケー（笑）。

バシャール　ということで、ファン・チャレンジ、楽しい挑戦とは何でしょうか。

本田　僕は、自分の中ではほぼ理想に近い人生を生きていると感じています。

バシャールと出会って、そういう人生がはじまりました。しかし、まだ多くの人がバシャールのメッセージを知らず、観念のトリックにだまされて、99パーセントぐらいの人たちが混乱と絶望の中に生きている感じがします。

僕個人はとても幸せですが、気持ちとしてはその人たちを何とかしてあげたいという思いもあります。

バシャール　でも、もうされているわけですよね。

本　田　小さなレベルではそうですね。

バシャール　誰がそれを小さいといったのでしょうか？

本　田　小さな僕です（笑）。

バシャール　あなたがなさっていることのインパクトがどれだけあるか、まったくわかっていないわけですね。

本　田　そういう意味では、もっと本当にインパクトを与えたいというパッションもあるのですが、たぶんそれをやったら、まだ目覚めたくない人が反撃したり、ジェラシーを感じたり、そういうエネルギーも来るのではないかと思います。

バシャール　だから何ですか？　それは彼らの選択です。

パッションがあるとき、受け取る人が必ずいる

本　田　たぶん、これは多くの人たちが引っかかっている課題だと思うのです

が、本当のパッションで生きたら、面倒なことが起きるという思いがあるのではないかと思います。

バシャール

それは不可能です。なぜなら、それは相反する定義だからです。パッションをもって生きていれば、負のものを経験することはできません。

もしパッションを果たすことで面倒なことが起きると困っている人がいるとすれば、それはそもそもパッションの定義ではなく、別のものの定義です。

本当に純然たるパッションの定義には、ネガティブなものはいっさいありません。

だからこそ、明確な定義が重要になってくるわけです。また、別の現実から生まれた、混ざった定義に引っかからないことです。だからこそ、とても正確な定義が大切になってきます。

そもそも自分の情熱を生かしてやっていけば、いっさいネガティブな経験はしないはずです。

また、もし何らかの形で負のものがそこから生じたと観察することがあったとしても、その影響も受けないはずです。

でも、今の質問に関しては、もう1つ大切な理解すべき点があります。みなさんの仕事は、自分自身であることです。そして、そうしたいという気持ちがあるのであれば、自分であるということはこういうことで、こういう発想だ、幸せであるということはこういうことだ、と人々にシェアしていくということも、みなさんの仕事です。

しかし、**相手がそれに注意を払うかどうか、聞いているかどうかということまでは、みなさんの仕事ではありません。**そういったことに関与する必要はありません。

私たちが今このようなアイデアをシェアしているのは、私たちのパッションだからです。

でも、それに対してみなさんが注意を払うかどうかは、私たちに関係のないことです。

私たちがワクワクするからやっていることであって、私たちのパッションをみなさんが理解してくれる、あるいは受け入れてくれるかどうかは、みなさんの選択です。

みなさんの人生ですから、みなさん自身が決めていくことです。

私たちのパッションは、みなさんがそれに対してどうするのかということを条件にしていないので、みなさんのされることが私たちに影響を及ぼすことはありません。

みなさんの仕事は、自分のパッションを分かち合って、シェアしていくことです。そして、実際に相手がそれに対して反応を示すかどうかということは気にする必要がありません。

シェアしたところでみなさんの仕事は終了して、次に移ればいいわけです。

よろしいですか。

本　田　はい。でも、そうはいっても、いい本を書けたと思ったのに、アマゾンで星が1つという書評が続いたら、少し心が折れそうになります。

そういうことがバシャールにはありませんか？

バシャール　ありません。

私がすごくパッションをもって何かしたいと思ったということは、**どこかで誰かがそれを受け取ってくれるということがわかっているからです。**

もしそういう人がいなければ、そもそも私はそれをパッションと感じないでしょう。硬貨は必ず両面で、片側だけのものはありませんから、与えるギフトがあるとすれば、必ずそれを受け取ってくれる人がいます。

それがたとえ1人だとしてもいるわけです。


また先ほどの正確にパッションを定義するというところに戻ります。

パッションの状態であるということの定義は、必ず受取人がいるということです。


向こう側に受け取る人がいなければ、みなさんがパッションをもって何かをするという理由が存在しないわけです。

それが現実に反映されています。

もし自分がパッションをもってやったことに対して、パッションをもって受けてくれる人がいなければ、そもそもそういったものに対してパッションを抱かないでしょう。

ですから、無意味なパッションはありません。

本田　すばらしいコンセプトですね。（一同拍手）

バシャール　でも、存在というのは、そもそもそういうものだということです。

本田　またそれで質問なのですが、本人がいくらパッションをもっていても「これ、すごい」という人が1人しかいない。そんな的外れなパッションというものはないのですか？

バシャール　何らかの意味があってそのパッションをもっています。

自分がそのパッションをもっているかのように自分自身をあざむくことはできるかもしれませんが、それはまた別の話です。

自分の信念、観念というものに対してひじょうに正直でなければなりません。そうすることによって、自分の不安をパッションとしてごまかす、あるいはパッションを不安でごまかすということがなくなります。

ですから、とにかく正直に自分のことをきちんと見て調査していくということが重要で、その違いについて理解することが大切です。

本田　すばらしい気づきをもらいました。ありがとうございました。

本田健コラム

ワクワクすることをやれば、なぜ幸せに成功できるのか？

「ワクワクする」という言葉は、子どものものだと思っている人も多いかもしれません。

たしかに、子どものころ、クリスマスとか誕生日の少し前にとてもワクワクした体験は、誰にでもあるでしょう。

心が躍るような感じで、もうドキドキして待てない、というのがワクワクした状態です。何かを心待ちにしたり、それを考えただけで、テンションが上がってしまうようなことをいいます。

その対象はプレゼントだったり、誕生日などのイベントだったり、旅行など真新しい体験だったりします。

ショッピングや映画に行く、誰か好きな人とデートするといったことも、同じようにワクワクすることでしょう。

大人になると、残念ながらワクワクする機会が減ってしまいます。

大人になってワクワクすることはといえば、デートに行く、海外旅行に行く、ゴルフに行くといった、非日常のイベントぐらいでしょう。

たとえば、20代のときは、恋愛、留学、就職、結婚など、ワクワクするライフイベントが目白押しです。

30代になって、パートナーや子どもがいたりすると、つられてワクワクすることも多くあるかもしれません。

でも、40代、50代になると、ワクワクすることが大幅に減っていきます。それは、大きなライフイベントが減ってしまうというのもありますが、ワクワクする、躍動する感性が鈍ってしまうということも、その理由の1つです。

「毎日、職場に行くのにワクワクする」「営業に行くことにワクワクする」とニコニコして語る人は、ごく少数派でしょう。

また、結婚して20年たった人が、「パートナーと次にデートに行くことを考えただけでワクワクする！」といったことも、あまりありません。ほとんどのカップルは、ワクワクどころか、デートすらしていないかもしれません。

20代のころにはあった、睡眠時間を削ってでも、大好きな人に会いに行くという情熱は、ほとんど消えてしまいます。

仕事でも、プライベートでも、よほど普段から心がけないと、大人になってからは、ワクワクの情熱の炎は小さくなっていくのです。

その心の状態に合わせて、毎日の生活も退屈になっていきます。

バシャールは、ワクワクが人生をおもしろくする鍵だといいます。

心が躍動する状態になると、いろんな引き寄せが起こり、それがさらなるワクワクするようなことをもたらすといいます。

「でも、そもそもワクワクすることがないし、どうやって見つけたらいいのかわからないなぁ」と考える人も多いでしょう。

たしかに、小さいころにワクワクしたことはあったと思います。でも、こう考えてしまうのです。

「野球とかサッカーは好きだったけど、今さらプロ選手になれるわけでもないし、歌もカラオケは好きだけど、プロの歌手にはなれないしな……」と、職業的なことを考えて、最初からあきらめてしまうのです。

バシャールがいう「ワクワクすること」は、そんなに大げさなことでなくてもいいのです。

目の前の選択肢のうち、どれがちょっとワクワクするのかということが大事だったりします。

たとえば、休日に1人で映画に行くのと、友達とご飯を食べに行くという選択肢があるとしましょう。

そのときに、友達とご飯を食べるほうがワクワクするのであれば、そちらを選択すればいいのです。

すると、その友人に会いに行く途中の電車で、学生時代のサークルで一緒だった先輩と出会ったりします。

立ち話しているうちに、その先輩が人事部にいて、採用する人を探しているということがわかります。

そして、それは、まさしく自分が探している理想の仕事だったりするのです。

ワクワクすることをするのがなぜいいのか、いろんな角度から見てみましょう。

まず、自然とあなたのエネルギーレベルが上がります。楽しいことをやっていると、幸せになります。

自分も笑顔になるし、まわりも幸せになります。なんとなくいい感じがしてきたら、しめたものです。

そこから、次のワクワクが出てきます。ワクワクのエネルギーは、人生の扉を次々と開く鍵でもあります。

ワクワクすると、アイデアがたくさん湧いてきます。

同じラーメンを作るのでも、あれこれ工夫していく人と適当に作っている人では、味のよさが全然違ってくるでしょう。

それは、家の設計でも、アロマでも、コンサルティングでも同じです。今の仕事をどんどん進化させていく人は、必ず成功します。

創意工夫は、ワクワクしたエネルギーからしか出てきません。それをやるのが楽しくてしかたがないという人は、必ずその分野で、人に評価される仕事をすることになるでしょう。

自分もこれだけ楽しいんだから、お客さんにも楽しんでもらいたい、喜んでもらいたいという気持ちが、仕事のクオリティを上げることにつながるからです。

CHAPTER 2

必要なものは、いつでも目の前にある

――パートナーシップと家族について

ほしいものが必要なものとはかぎらない

本　田　次にパートナーシップについて質問したいと思います。

今シングルで、将来パートナーがほしいと思っている人は、パートナーがいる、幸せでラブラブな状態のエネルギーと今の自分のエネルギーをマッチさせればよいのでしょうか？

そうすれば、気がつけばすてきなパートナーが隣にいるということになるのでしょうか？

バシャール　そうですが、そのパートナーシップがどうなるかということをあまり強く想定することはできません。

そのときの状態を反映した、そのときに必要なものになるのであって、

こうでなければいけないと決めることはできません。

そもそもパートナーが必要だということを決めることもできません。

でも、本当に自分が自分自身でいれば、すべての必要な人間関係を自分に呼び寄せることができます。

というのは、自分のパッションに基づいて行動を起こすということは、それ自体がワクワクするからやることであって、それをやった結果こうなるであろうと、その先を期待してはいけないわけです。

そこに結論がこうであるということを決めてしまうことによって、そのパッションはすでに条件つきのものになってしまうわけです。

この公式をぜひ覚えておいていただきたいのですが、自分のもっとも情熱をもっていることに対して行動を起こす、しかも**自分の最大限の力でそれに臨み、その際、いっさい結果を期待してはいけません。**期待度はゼロでなければならないのです。

結果がどうであるかということを知る必要はありません。ただ、自分がポジティブな状態でいつづけて、自分がいちばんワクワクすることをやっていればいいのです。よろしいですか。

本田 はい。1つ質問があるのですが。

それがやりたければやりたいほど、そこに感情的なニーズも生まれますよね。

たとえば、文章を書くことにすごくワクワクして、本を出したいと思うと、本を出したいという結果に執着します。

「パートナーがほしいな。そうすれば、すばらしい自分になるんだけど」と思うと、パートナーがいてほしいという感情的な執着が生まれます。

それは、パッションの延長線上に生まれるのではないかと思いますが、どうでしょうか？

バシャール

そうかもしれませんが、それがどういった状態からつくり出されたかによります。

誤解があるとしたら、それを解くために１つ明確にしておきたいことがあります。

ときおり、**自分が「ほしいもの」と「必要なもの」が大きく違っていることがあります。**

自分がいちばん情熱をもってできることをやっていけば、必ず自分にとって必要なことが現れてきますが、それは必ずしも自分が欲していたこととはかぎりません。

場合によっては、欲しているものは負のエゴから生まれるもので、それが必要だと思っているからほしいとなるのですが、それはそう思い込んでいるだけで、実際に得られると、自分にとっていちばんいいものではないということもあります。

もう1つ。シンクロというのはとても重要で、それは必要なものを運んできてくれます。

でも、欲するということはまたそれとは違った状態で、欲しているということは何かほしいものを得られない状態をずっと示しているわけです。

ですから、永遠に欲しつづけるというところで終わってしまいます。

ということで、「何かがほしい」という言葉をけっして使ってはいけないということではありませんが、それが何を意味しているかということを理解しておくことが重要です。

というのは、本当に自分がワクワクすることをやっていれば、自分の人生にとって必要なものが自然な形で運ばれてくるからです。

本田　すばらしい答えをありがとうございます。

魅力と自信を邪魔しているのはあなたの観念

本田　引きつづき、パートナーシップについて聞きたいのですが、男性同士、女性同士のパートナーシップもあると思いますけれども、人間関係においては、「魅力」というエネルギーが存在するのでしょうか。

バシャール　いろいろな理由があるかもしれません。
いちばんわかりやすいのは、**みなさんの人間社会においては愛の表現方法に関して怖れが存在しています。**

人によっては人が怖れるような愛の形をとることによって、それも愛だということを示してくれているのです。

愛というのはどのようなときでも愛にすぎません。それが無条件の愛です。

1人の人間が別の人間に惹《ひ》かれるのは、いろいろな形をとります。そして、理由もさまざまです。

ですから、一般的にこうであるから惹かれるとはいえないわけです。

無条件の愛を表現することについて、まだ人間社会にはたくさんの怖れに基づいた観念があります。

そのためにいろいろな形でそれを示していかなければいけません。

そういった人間関係があることによって、じつはそれにネガティブな反応を示したり、あるいは怖れがある反応をすることによって、自分の中にそういった怖れがあるということを、認識するチャンスになるわけです。

ですから、そういった状況を見る必要があるというのは、そこから自分の中にそういう怖れがある、あるいは自己愛に欠けている、自分への愛がないからそのように見えるという気づきになるわけです。

魂の目から見れば、みなさんはすべての性別であり、また性別がない存在でもあります。誰でもありえます。

本田

ということは、たとえばパートナーシップにおける嫉妬が出てきたり、怒りが出てきたりというのは、すべて自分を知るための仕掛けと考えたらいいのでしょうか？

バシャール

そうですね。自分の中のそういうものを見ていかなければいけないということです。

というのは、自分の中に何か恐怖に基づいた観念があるからです。それが必ずしも本当だとはかぎらないのですが、それが本当だと教わってきているから、その観念があるのです。

一般的なことをいえば、そういう感情が出てくるというのは、**自分自身に十分価値があると教わっていない、あるいは自分に価値がないと教わってしまっている**、そういう観念があるというのが共通点です。

自分は本当に価値がある人間だと教わっていない場合、すなわち「あなたはダメな人間だ」、「あなたは価値のある人間が得るような資格がない人間だ」と教わってきてしまいますと、実際に自分は価値がある人間だと思っている人に遭遇したときに、見せつけられているような気がして頭にきてしまうわけです。

それはじつは頭の中にある自分の恐怖が、鏡としてそうやって反射されて戻っているにすぎないわけです。

これをすべて解決するためのすごく簡単な文章があります。みなさん知りたいですか？

英語だと「Mind your own business」といって、人のことには口出ししない、人のことには手を出さないということです。

それだけ簡単なことです。

本田 あまり助けになりませんね（笑）。

バシャール それもまた、観念です。

本田 それに関して、無価値観を癒して、セルフイメージを高めるにはどうしたらいいのでしょうか。

バシャール

まず第一に、自分は存在しているかと聞いてみることです。もちろん存在しています。存在していなかったら、そもそもそういうことを聞くこともできないわけです。

クリエーション、創造というのは間違いのない世界です。

ですから、**自分が存在しているという事実が、自分は価値のある人間であるという証拠です。**自分が必要とされているから存在しているのです。

次に、もし自分が価値のない人間だといったとすれば、それは存在そのものに対して議論をふっかけているのと同じであって、自分が存在しているということは不変で、いっさい変わることのないことです。

ということで、創造と自分には価値がないという議論をすること自体、絶対に自分が勝てない議論です。

ですから、創造とケンカをするのはやめましょう。

本　田　そういう難しいことを聞きたいわけではなくて、「私はかわいくない」、「僕は男性として魅力がない」というときに、どうしたらいいのでしょうか？

バシャール　難しいというのは事実ではありません。それも観念です。

難しいと思いがちですが、自動的に難しい状況というのはありません。

その状況に対してそういった観念があるからこそ、それが難しいと思うわけです。

前にお伝えしたとおり、存在には5つの事実しかありません。

1つ目は存在すること。2つ目は、すべてが今、ここにあること。3つ目はすべてが1つ、1つがすべて。4つ目は出したものが返ってくるということ。そして5つ目は、これらの法則以外、すべては変わるということです。

それ以外のものはすべて事実ではありません。それは意見であったり、考え方であったり、発想であったりするだけです。

ですから、たとえば自分がこれは難しいと思っていたり、誰かにそういったり、あるいは「誰だってこれは難しいと知っている」、「これを変えることはできない」と口にしていることに気づいたら、その場で止まって、自分のいっていることをよく聞いて、自分自身に言い聞かせてください。

それは自分が今まで教わってきた観念であって、事実ではありません。そういった観念というのは、変えることができます。

自分の観念が変われば、経験が変わります。経験が変わらなければ、自分の観念は変わっていないということです。

ほしいと思った瞬間に、ほしいものは遠ざかる

本田　たとえば、パートナーがほしい人がいるとします。現在を見ながらどうやって未来のパートナーを見つければいいのでしょうか？

バシャール　前にもいいましたが、何がほしいかということに焦点を当てるのではなく、**現在、つねに必要なものは与えられていると認識することです。**ですから、その人にとって本当にパートナーが必要であれば、自動的にパートナーは現れます。

本田　少し待ってくださいね。そうはいうものの、自動的にお金もパートナーもライフワークも来ていないという人も多いと思います。

バシャール

それは、そもそもライフワークやパートナーやお金がほしいということに目を向けすぎているからです。そこに目を向けないようにすれば、じつはもっと自動的に早く現れるのだと思います。

このように言い換えましょう。もし未来に目を向けていて、誰かが将来的に自分を探してくれると期待していたとすると、どうやってその人が今のあなたを見つけることができるでしょうか？

たとえば、将来こういうパートナーがほしいという像をつくり上げていたとしても、その人がいちばん必要としている姿であるということがどうしてわかるのでしょうか？

もしそういうことに目を向けすぎて、いつかの未来に現れる人と思っていますと、その人が横を通り過ぎたとしても気づかないでしょう。それは「今」に目を向けていないからです。

トントンと肩をたたかれて、「私があなたのパートナーです」といわれても、「失礼、私は未来のパートナーを探しています」といって、その人のことを無視してしまうかもしれません。

本田 バシャール、おもしろいなぁ〜!

バシャール ありがとうございます。

本田 今わかったのですが、**パートナーがほしい、お金がほしいと思った瞬間に遠ざかるということですね。**

バシャール そうです。

ですから、つねにいつも必要なものはもう目の前にあるということを受け入れ、理解することが大切です。

そして、今あることに目を向けて、それをどんどん使っていくことによって、それがまた加速されていきます。

今あるものを使うのではなくて、いつか何かが起きるのを待つということは、実際はそのプロセスをスローダウンさせてしまうのです。

先ほどの例でいえば、地球の人が「パートナーがほしい」といったとします。それは、その人はそもそもパートナーが必要だと知っているということを前提としています。

プレゼントの中身を先に知ってはつまらない

バシャール

人生に必要な、いくつかの重要なことがあります。

この現実において重要なニーズの1つは、人と関わること、つながること、人との関係を築くということです。

これは必要なことなので、シンクロニシティによって自動的に、完璧な形で現れるものです。

また、シンクロニシティによって運ばれてくるものですので、形も完璧な形で運ばれてきます。

どういう形であるかということは、特定してはいけません。**自分はベストな形がどういうものかを知らなくても、シンクロニシティはそれを知っているのです。**

そういったつながりは、相手が人間でなくてもいいのです。じつは自分の人生の中でもっとも重要なコネクションは、創造そのものかもしれません。それは木とのつながりかもしれません。

知っていなければいけないのは、自分にとってあるべきパートナーの理想の姿がどういうものであるかはわからないということです。

たとえば（本田さんを指さして）、今この瞬間、私があなたのパートナーであり、あなたが私のパートナーです。

この瞬間、今起きるべきパートナーシップというのは、このパートナーシップです。

ですから、今あなたには、パートナーがいるわけです。

ということは、他のパートナーを欲する必要はありません。

ですから、この瞬間、今はこのパートナーが必要だということで、シンクロニシティによって運ばれてきたものですが、これがまた必要でなくなれば、このパートナーシップは消えて、新たなパートナーシップや新たなつながり、コネクションが起きてきます。

でも、それが何かということを期待してはいけません。というのは、その理想的な姿は何か、完璧な姿は何かということは、実際にはわからないからです。

ですから、パートナーを求めるときは、その瞬間の自分にとっていちばんいいパートナーシップをくださいとお願いしておけば、それがどういう姿、どういう見た目かということを伝えたり、知ったりする必要はありません。

ハイヤーマインドとシンクロニシティが、必ずいちばんいい形で運んできてくれるからです。よろしいですか。

本田 はい。それに関して、たとえばこういう考え方もあると思います。

自分が必要とするパートナーの資質として、おもしろい人、優しい人、お金をたくさん稼げる人という理想のリストを書き出して毎日読むと、そのパートナーが現れるということを教えている人もいます。

バシャール そういったことは演習、テクニック、ツール、儀式としてやることはよいでしょう。

しかし、運ばれてくるものが必ずしもそれとまったく同じだとはかぎりません。

もし自分がそれに対してオープンであれば、自分が思っていたものと見た目は違っても、自分の状態に合った形のもので埋められます。

たとえば、**誕生日プレゼント、あるいはクリスマスプレゼントの箱を開ける前に、中身が何か知りたいですか？**　それとも、サプライズとして楽しみたいでしょうか？

クリスマスや誕生日のときに箱を開けてワクワクする姿を想像することはいいことです。しかし、その中身が絶対にこれと決めつけることはないと思います。

というのは、自分が想像しているよりもっといいものが出てくるかもしれません。

本田　ちょっと待ってください。クリスマスや誕生日は毎年来ますが、パートナーはもっと大事だと思います。開けたら「こんな変なのが出ました」となったらどうするのですか？

バシャール　どうしてパートナーのほうが、より重要なのでしょうか？　それは事実ですか？　それとも、観念ですか？

本田　面倒くさいやつだな（笑）。たしかにそうですね。
では、パートナーを毎年替えてもいいのでしょうか？

バシャール　もしかしたら、そうかもしれませんよ。ポイントは、それがわからないということです。
それなら、自分にとってベストであり、相手にとってもベストであるつながりを引き寄せたらどうでしょうか？

そして、それがどういった形であろうと、自分が必要としている形で現れると思っていれば、そもそもそれを必要とした理由を見逃すことはなくなります。

さらに、今までお話しした秘訣《ひけつ》についてお話ししましょう。**じつは毎秒、何十億回と変化が起きています。瞬間ごとに新しい人間になっているのです。**

あるパートナーを引き寄せて、そのパートナーがずっと何年も一緒にいて、一生涯いるように見えたとしても、瞬間ごとに変わっているわけですから、同じ人ではないわけです。

これは、たとえとしていっているのではなく、本当にその人は瞬間ごとに変わって、違う人になっています。

瞬間ごと違う人になっているのですが、あなたにとって同じに見えるだけのことです。だから、相手が同じに見えても、違って見えても、どちらでもいいではないですか。

1年に1回どころか、数秒間に何十億という違う人を経験しているわけです。今、何十億回という誕生日とクリスマスを経験しましたね。何十億というパートナーを経験したわけです。

同じパートナーであるように見ることとは、もしかしたらそこで何らかの目的を果たしているのかもしれません。

ですが、私がここでいっているのは、瞬間で考えていくと、同じ人ではないということです。

連続性というのは何らかの目的を果たす幻想かもしれませんが、あくまでも幻想にすぎないということです。お役に立ちましたか?

特定のニーズに対して具体性にこだわらずに、その部分を緩めて考えていくとよりオープンな形になり、すべての関わっている人間にとって最良の形でいろいろなものが現れ、それに対してどんどんオープンになっていきます。

さらに秘密があるのですが、これはとても皮肉な秘密です。

もし相手の人を本来の相手として見ているのではなく、自分が必要としている相手像で見てしまっているとすると、そもそも本来の相手とは必要な人間関係になっていないことになります。

もし相手にあまりにいろいろな期待がありすぎると、そもそも自分がつながっている相手は存在せず、そもそもその人とのつながりがないということになります。

おもしろいと思いませんか？

波動が合わなくなったら離れるときがきている

本田　パートナーシップのことをいってくれたので、昨日の僕たちのパーティでどういう会話があったか話してもいいですか？

バシャール　もちろん、どうぞ。

本田　男性、女性、それぞれのバージョンがあったのですが、一方はバシャールや新しいことを勉強してワクワクして生きようというのに、奥さんや旦那さんはあまり興味がないという話が出ました。

そして、5年も10年も奥さんや旦那さんのことを待っているのですが、相手に変わる気持ちがまったくないので、「ごめん、私は成長したいんだけど、あなたは？」といったら、旦那さんは「俺、成長に興味ない」といって、関係が終わったそうです。

どうやったら関係をうまく続けられるのか、あるいはもうだめな関係の見分け方を教えてください。

バシャール

もうすでに波動が合っていないということで、**お互いに違いがあってもいいという次元を超えているということであれば、それはもう終わっていいということになります。**

違いがあるのはかまいません。しかし、コンパチブル（互換性があること）でなければいけません。すなわちそれは、お互いに相手が自分と何か違いがあっても、それを認め合える仲であればいいということです。

違いがあっても、お互いにそれを支え合える仲でなければならないわけです。

お互いに認め合えないということは、もうすでに波動が合っていないわけです。

本来ありたい自分の姿でいられなくなってしまっているということは、その関係を何か変えていく必要があるという1つの兆候だと思います。

そうすることによって、相手も自分も本当に求めているものをまた探すことができ、そういったことをまた引き寄せることができるわけです。それが、もっとも相手にとって愛情深いことだと思います。


もっと簡単にいうと、自分が本来あるべき姿でありたいと思っているときに、相手がその波動に合わせてくれない、あるいは相手がそれを支えてくれないということであれば、もうそれは手放して次に移ったほうがいいというサインかもしれません。

自分が選択したことの結果を、それによって示すことができます。それができなければ、こういった状態がいいということを示すことができないので、いつまでも変わっていくことはできません。

さらに相手と自分はもともと望んでいることが違うので、自分が何かを選んだ結果はこうなるということを示さないと、相手も自分が求めたいことを探しに行くことができません。

いちばん愛情深い方法は、**もし何かうまくいっていないのであれば、うまくいっていないことを行動で示し、何らかの結果を生むことです。**そうすることによって、こういう選択をするとこういった結果が見えるということがわかります。

その関係が終わったからといって、世界が終わるわけではありません。もし相手と合わなくなったときに、その先それを手放して次に移ることができなければ、そして本来自分がありたい姿でいられなくなるということは、そもそもその人間関係における自分は、本当の自分ではないということになってしまいます。
2人の幽霊がお互い違う自分になりすましているのと似ています。
それは、どんな人間関係になるでしょうか。

本田 ありがとうございます。

すべての大人がすべての子どもの親になる文明

本田 次に、家族について聞きたいと思います。
先ほどバシャールがいってくれたように、今までだったら家族というものは、お父さんとお母さんは離婚せず、それほど仲がよくなくてもなんとなく一緒にいるものだとされていました。

バシャール　でも、それも状況によると思います。子どもがいるかいないか、全部ケース・バイ・ケースで、それによっていちばんいい状態はどういうものか、どういった責任のとり方がいちばんいいのか、変わってくると思います。

本　田　ですから、今まで家族はこうあるべきだという像だったものがなくなってしまった現在においては、どういう未来がありえるのかということをお話しできればと思います。

バシャール　それはどういった方向にもっていきたいかによりますが、私たちの文明の例をとりますと、すべての人が1つの家族の一員であると考えています。

すべての大人がすべての子どもに対する責任をもっていて、すべての

子どもがすべての大人の子どもです。

したがって、惑星のどこに子どもが行こうとも、自分の家族として見なしてくれる人に出会わないことはありません。

そして、その大きな家族という枠組みの中で、それぞれの人間がいちばんいい形で人間関係を築けるようになっています。

一生涯続く関係もあれば、そうでないものもありますが、それが移り変わることを許しています。それぞれにとっていちばんいい形でそれが発展していくことを認めているわけです。

私たちは純然たるシンクロニシティを信じています。ですから、誰といつ、どれだけの関係を築くのか、対話するのかというのは、いちばん必要な形で現れると思っています。

そういったことを信じたうえで、シンクロニシティが自然にいちばんいい形で展開していくと思っています。

地球にも似たような発想で動いているバージョンがあります。いちばんワクワクすることで自分の最大限の力を生かして、結果にこだわらずやっていくということをやりながら、現実を操作していき、その中を進んでいくことによって、われわれの文明とひじょうに近いバージョンの地球にたどりつくことがあるわけです。

本田　ということは、たとえばこれから実際にそういう形に移行していくとしたら、一夫一妻制というよりは、お父さんとお母さんが10人ぐらいずついる家族という小さなコミュニティではないでしょうか。そのような社会が30年、50年でできていくイメージを僕はもっているのですが、そのような感じでしょうか。

バシャール　可能性としてはそうですね。

本　田　でも、そういう理想のコミュニティに行き着くためには、たぶん僕たちの中にある嫉妬や競争、相手に対して特別でいたいという感情的なものを解かないといけない感じがします。

バシャール　そうです。だからこそ、ネガティブな怖れを中心とした観念を手放さなければいけないわけです。

そもそも嫉妬というのは、そういったネガティブな怖れをベースとした観念からきているからです。

今お話ししているすべての原則を結びつけていかなければなりません。

本　田　どれぐらい時間はかかるのでしょうか？

バシャール　今のみなさんの波動を察知したうえでお答えしますと、**おそらくみなさんの年の数え方で50年から100年ぐらいでこういった関係を経験で**

きるようになる確率が高いです。

これは一般社会の話であって、個人でそれをもっと早く実現することは可能です。というのは、個人ではそういったことをどんどん引き寄せていくことができるからです。

本田　おもしろいです。

バシャール　そうですね。だからこそお話ししたのです。

―本田健コラム―

人間関係はすべての幸せの源って、本当？

人間関係は、幸せな人生を生きるうえで、とても大事なものです。

なぜなら、人は、仕事や経済的な成功だけでは、心から満足できないからです。

たしかに、仕事で成功すると、一瞬はアドレナリン的なワクワク感を得られるでしょう。大金を稼いだり、社会的な名誉を手に入れることは、ある種の躍動感をもたらします。

しかし、それは一時的なもので、持続するものではありません。

それは、恋愛も同じです。パートナーをゲットしても、すぐに関係が終わってしまったら、後味の悪い苦々しさが残ります。

一時的な興奮とワクワクは味わえても、静かに「幸せだなぁ」と感じることはできません。

なぜなら、その関係が、未来に開かれたものでなければ、かえって心が殺伐としてしまうからです。

恋人を次々と手に入れる人は、いっけん幸せに見えますが、じつは、あんまり幸せではないのです。

そういう人は、仕事でも、長続きしない可能性があります。仕事でも、人間関係のトラブルが原因でうまくいかなくなることが多いからです。


人間関係、夫婦や家族ととても仲がいいけど仕事ができない人と、仕事は成功しているけど、家族関係がボロボロな人では、どちらが幸せだと思いますか？

お正月を楽しく、幸せに過ごせるのは、仕事ができなくても、多少お金がなくても、家族を大事にしている人です。

もちろん、両方を手に入れている人もいますが、幸せに関して優先するべきは、人間関係なのです。

幸せに豊かに生きている人の生活をごく間近で見てみると、人間関係を大事にしていることがわかります。

なぜなら、安定的に成功する人は、ふだんの人間関係にエネルギーを使っているからです。

家族、仕事関係者、お客さんとよくコミュニケーションをとることに、時間を使っています。

また、日常的に誰かに感謝したり、ねぎらったり、お礼をすることにお金も時間も使っています。

自分の人生がうまくいっているのは、今の人間関係のおかげだと思っています。

仕事がうまくいっているのは、お客さんや取引先と良好な関係があるから、また職場の同僚や上司、部下ともいい関係なので、スムーズに仕事ができていると感じているのです。

そういうことを聞くと、人間関係を大事にしようと思うでしょうが、それがなかなか簡単ではないのです。

なぜなら、ふだんの生活の優先順位が人間関係に重きをおいていないからです。

街頭インタビューをして、「あなたの人生で大切なものは何ですか？」と聞いたら、多くの人が、家族というでしょう。

でも、実際にどれだけ大切にしているかというと、仕事を優先している人のほうが多いのではないでしょうか？

たとえば、あなたは、自分の家族とどれだけ時間を過ごしているでしょうか？

たんなる世間話ではなく、深いコミュニケーションをとっているでしょうか？

時間が少なくても、心がつながっていたら、問題ありません。一緒にいても、他人のようだと感じることはあるので、必ずしも物理的に同じ家にいなくてもいいのです。

では、具体的に何をすれば、もっといい人間関係を築けるでしょうか？

まず、今の人間関係を棚卸ししてみましょう。

あなたが日常的につきあう20名の名前を書き出してみて、その人たちとの関係がどうか、調べていくのです。

すごくお互いわかり合っている親密な関係から、良好な関係、普通、どちらかというとすれ違っている、遠慮や敵意を感じている関係まであるでしょう。

それを見て、どう改善したいかをみていきます。


鍵は、コミュニケーションです。まず、あなたが自分の感情とつながること。日常的に悲しいのか、うれしいのか、ワクワクするのか、落ち込んでいるのか、そういったことを自分がまず認識する必要があります。

そのうえで、相手の状態はどうか、コミュニケーションをとってみましょう。

今、その人は幸せなのか、落ち込んでいるのか、感じてみるのです。

それによって、お互いの心が通じ合っていきます。自分の感情のポジティブな部分だけでなく、ネガティブなことも伝えないと、人間的につながれません。

適当に当たり障りのないことばかりをいっていても、人間的な交流ができないので、本音で自分の感じていることを相手に伝える必要があります。

そうした本音のコミュニケーションをとりはじめると、これまでの人間関係がぐっと深まってきます。

CHAPTER

3

流れにまかせれば、豊かさがやってくる

――お金と観念について

お金だけが豊かさの象徴とはかぎらない

本　田　今度は、お金と豊かさについて話したいと思います。
以前、僕が「金やダイヤモンドに投資したらいいですか？」と聞いたら、「私たちにとって同じ石ころです」といわれて笑ったことがありました。

バシャール　**お金というのは交換するための象徴となるものです。豊かさの象徴です。でも、それが唯一の象徴ではありません。**
誰かが何か贈り物をくれたとします。それも豊かさの象徴であり、交換の象徴であるわけです。ということは、それも一種お金の形であることを意味します。

たとえば、シンクロによって何かが自分のところに運ばれてきたとします。

それもやはり何かを交換したということの象徴であり、豊かさの象徴です。

お金は豊かさの1つの象徴としてはまったく問題ありませんが、それが必ずしもいちばん効率的な象徴というわけではありません。

しかし、自分のもっともワクワクすることを実現するためにはある特定レベルの豊かさが必要だという状態にいるとしますと、それはシンクロニシティがいちばん効率的な形、あるいはいろいろな形の組み合わせで、必要なときに必要な形で運んできてくれます。

場合によっては、みなさんが思っているほど豊かさはお金という形で現れなくてもいい場合があります。

今自分がやろうとしていることに対して、少しだけお金が必要で、あとは他の形で現れてもいい場合もあれば、少しのお金が運ばれてきて、他はシンクロニシティとして現れることがあります。贈り物として誰かが何かをくれたりして、それを全部総合的に組み合わせることによって、必要なことが果たせるようになっていきます。

豊かさとはこの形で現れなければいけないとこだわりをもってしまうと、そこに目を向けすぎることによって、他の形への扉を閉めてしまうことになります。

他の形での豊かさは自分にとって有効でないと考えてしまうことによって、それが現れなくなってしまって、かえって自分が損をしてしまうわけです。

ですから、**すべての豊かさの表現に自分がオープンであることによって、もっとも効率的でもっともいい量の贈り物やシンクロニシティが現**

れます。よろしいですか。

本　田　はい。たぶんお金に関していちばん多くの人が悩んでいるのは、お金が十分に回らないこと、自分のやりたいことに対してお金が十分でないこと、お金の不安についてだと思います。

そのあたりの観念の書き換え方について教えてもらえませんか？

バシャール　それは今お話ししたとおりで、お金しか自分の問題を解決してくれないと思い込みすぎることによって、そこで悩みが生じるわけです。

絶対にこれをやるためにはお金が必要だと思い込んでしまうと、お金に対する信念がきつくなり、そのぶんそれにしがみつくことになって、事は流れていかないわけです。

昔からいわれていることですが、いちばん楽に水を持つ方法は何でしょうか。きつく手で握りしめることではなく、手のひらを開いて持つことです。

豊かさは交換です。それはエネルギーの流れです。エネルギーはきつく持てば持つほど流れていきません。流れないということは、事がゆっくりになってしまうということです。

それをもっと開いて、**どのような形でもいいからそれが現れてほしいと思えるようになれば、それは自然に流れて入ってくるようになります。**

また、いろいろなものが十分でないと考えてしまうのは、不足の概念にとらわれているということです。

これでは不十分だと思う人は、だいたいこれだけが必要だという何らかの任意の判断をしてしまっていますから、十分に入ってこないと、これでは足りないと思ってしまいます。

しかし、豊かさというのはそういった枠組みを取り払うことによって、必要な形で必要なぶんが自然に埋まっていくことです。

地球上の人たちは、これをするためにいくら必要かと考える訓練を受けています。

家賃を払うためにいくら、食べ物を買うためにいくら、これをするために、あれをするためにこれだけ必要だと思いがちですが、でもそれは本当にそうなのでしょうか?


今お話ししている内容の例として、ある写真家の例をお話ししましょう。

これは実際に地球上のどなたかに起きた話であって、私たちがつくっている話ではありません。このチャネラー(ダリル)の友人の話です。


彼女は才能あふれる写真家です。美しい写真を撮っています。彼女の夢は世界中を飛びまわって、ピラミッド、ストーンヘンジ、マチュピチュなどの聖地の写真を撮ることでした。

でも、そのような旅をするのに必要な飛行機代、ホテル代、食事代を出せるほどのお金がありませんでした。

その人はそこで落ち込んで「私はどうせお金がないから夢を生きられないの。自分の情熱を果たすことができないの」といって済ませることもできたでしょう。しかし、彼女はそうはしませんでした。


彼女はこの仕組みを理解していました。彼女はポジティブな状態でとどまり、「これは自分のパッションだ。ということは、必ずこれを実現する方法があるはずだ」と考えました。

「お金が十分なくても大丈夫なんだ」「私は豊かな人間で、豊かさというのは何らかの形で巡ってくる」

彼女はこのポジティブな状態を維持することができたため、とても想像力豊かな発想で、あるアイデアをインスピレーションで受け取ることができました。

何かを想像できるということは、自分がそもそもその状態にいなければできないことだということを、ぜひ覚えておいていただきたいと思います。

彼女はポジティブな状態だったので、アイデアがパッと浮かびました。それは、各航空会社を回って、これらの聖地に行けるように無料で飛行機に乗せてもらうということでした。

彼女の友人は、「そんなこと考えるなんて、頭がおかしい。お金がないとそういうことはできないのは誰だって知っているじゃないか」といいました。

でも、彼女はそれを信じませんでした。彼女はこれが交換だということに気づいていました。すなわち、自分がギフトを求める代わりに、何か自分も与えなければいけないということです。

彼女は「私はお金がない。でも、何を与えられるだろうか？」と考えたわけです。「私は写真を与えることができる」と思いました。

そこで彼女は航空会社を回りながら、このような提案をしました。

「私をあなたの航空会社で飛びまわらせてくれれば、私は聖地に行って写真を撮るのが情熱であり夢なので、そこで撮った聖地の美しい写真を差し上げましょう。それをあなたがたがパンフレットやいろいろなところに掲載することによって、それを見た観光客がさらにその航空会社を利用して、そういったところに行きたいと思うでしょう」

航空会社は「イエス」といいました。航空会社は写真を撮らせるために、たんに飛行機に乗せただけでなく、給料をくれました。

そして、最高級のホテルに泊まり、すばらしい食事ができるお金を与えてくれて、彼女は女王のように生活ができるようになりました。

それは彼女がポジティブな状態でありつづけ、何らかの形でこれは実現できると信じたからです。しかも、この方法でなければいけないという制限を自分に課しませんでした。

みなさん、今回のこの学びについて、ご理解いただけましたか？

となれば、みなさんもこれをご自身の生活や人生に当てはめていくことができますね。これは現実の運びということです。

「こうではない」という発想自体がじつは例外であり、ルールとして奇跡は自然なことです。シンクロニシティが鍵となっていきます。これが組織立てるための原則です。

もっとも効率的な状態で事が運ばれるような状態でいることによって、事がパーフェクトな形で、いちばんいいタイミングで進んでいきます。

実際にそのような仕組みになっているということを聞いて、みなさん、ワクワクしませんか？

本当の自分でいれば全体の中に調和する

本　田　そういうことをしたとしても、うまくいく人とそうでない人がいます。それは、その人のもっているエネルギーの器や運命なのでしょうか？

バシャール　そうですね。

もし本当に自分の情熱を追っていけば、自分がやっているすべてのことは、他のすべての人がやっているすべてのこととぴったり合うはずです。

もしかしたら少し小さな家を好む人もいるかもしれません。それがその人にとってのパッションになります。

たんに、彼らがしなければいけないことをするのに大きな家は必要ないということにすぎないかもしれません。

誰もがパズルのピースのようなものです。みんな少しずつ形が違います。

でも、自分が本当にあるべき形であれば、他の形とすべてフィットして、そしていちばん大きな全体像をつくり上げることができます。

ただ、その全体像がうまくいかないときというのは、自分がぴったりの形でないときです。自分があるべき形ではない場合です。

本田　ということは、小さいほうが本当はいいのに大きくなろうとしたり、本当は大きいのに小さくなろうとしたりしたら、全体が崩れてしまうということですね。

バシャール　本来の自分でなければ、すべてにフィットしません。いつも本来の自分であれば、すべてがうまくフィットするということです。

本　田　なるほど。そうすると次の質問はたぶん、どうやって自分の適正な大きさを知るかということになってくると思います。

バシャール　それは**自分のパッションに基づいてやっていき、シンクロニシティを信じることです**。やったことによってシンクロニシティが生じているということを信じることです。

シンクロニシティというのは組織立てるための原則ですから、いちばん自分にとっていい形の必要なものしか現れません。いちばんぴったりのサイズのものしか現れません。

本　田　ということは、シンクロニシティはそれぞれの人がそれぞれの運命にきちんとフィットするように起きているということでしょうか？

バシャール　そうです。

自動機構なので、がんばらなくてもいいのです。**ただ流れのままにやっていけば、何を必要としているかは、それがもう知っています。**

そのシンクロニシティの自然な流れに逆らったときのみ、困難が生じます。

本　田　そして、自分の本当に小さなワクワクを追いかければ、すべてがうまくはまっていくということでしょうか？

バシャール　そうです。

それは自動的に起こることで、自動的に続き、自動的に経験できるものので、存在というものはそのようにつくられています。

今ここで私がお話ししている内容は、存在がこうであるという記述であって、これは機械の説明書と同じですから、そのとおりにやっていけばいいわけです。

説明書をもらったのにそれを捨ててしまって、自分の好きなようにその機械をいじるとケガをするかもしれませんし、あるいはうまくいかないかもしれません。それは説明書どおりにやっていないからです。

きちんと説明書どおりにやっていけば、その機械は本来つくられたとおりに動くはずです。

ですから、説明書を守ればいいわけです。とても簡単なことです。

本　田　これは人生の目的にもつながる話ですよね。

バシャール　**人生の目標というのは、すべてのみなさんが同じです。それは最大限の自分でいるということです。**その表現方法はそれぞれ違うでしょうけれども、最大限の自分でいるという目標は変わりません。

本田 そういう意味において、バシャールはこういう形で地球の人たちに介入して、みんながよりよく生きられるようにメッセージを伝えてくれているわけですよね。

バシャール そうですが、介入しているのではなく、そちらからのお誘いを受けているということです。

本田 いずれにしても、助けてくれて本当にありがとうございます。

バシャール それは光栄であり、喜びであり、パッションです。パッションでなければ、こういったことはやりません。

怖れの観念を手放せば人生はポジティブになる

本　田　バシャールの教えの中で、僕がいちばんすばらしいと思っているのは、私たちが観念のトリックにだまされているということです。

バシャール　そうですね。つまずくとすれば、そこにそういった観念があるからです。

本　田　僕の人生を例にとってみるとわかりやすいと思いますが、自分が文章を書けたり、作家になれたりするということを長い間信じていませんでした。

しかし、あるときにひょっとすると誰にでも書けるのではないか、自分でも書けるのではないかと思って書き出したら、作家になることができました。

バシャール　自分にうそをつくのをやめたからですね。

本　田　はい。そして、同じ時期に「あいつができるんだったら、俺も作家になれる」と思ってスタートした人がいました。

でも、彼は作家になれませんでした。

バシャール　じつはその人のパッションではなかったのかもしれませんし、あるいは怖さがあったのかもしれませんね。

ですから、**何か物事を前に進めようとしても、進めない場合、すべての人たちの観念というものを探求していかなければなりません。**

そういった怖れに基づいた観念を手放すことができる人もいれば、できない人もいます。

パッと素早く手放せる人もいれば、手放すのにとても時間のかかる人もいます。手放すのに時間がかかるというのもその人の観念です。それぞれの人にそれぞれのタイミングがあります。

でも、そのときにいちばん重要だったのは、あなたがパッションをもってやっていたことによって、**それが誰かにとって生きたお手本となり、「自分ももしかしたらできるかもしれない」というきっかけになってあげたことです。**

それまでなかった選択肢をその人に与えたわけですね。

本田　しかし、「本田健さんに会わなかったら、もっと幸せになれたのに」といわれることもあります。

というのは、もし夢がかなうということを知らなかったら、夢を追いかけてがっかりすることもなかったという意味です。

バシャール でも、その人が自分でがっかりというものをつくっているわけですよね。それはその人自身がまた学ばなければならないことです。

そこで重要なのは、学ぶチョイス、選択肢を与えてあげたこと、チャンスを与えてあげたということです。

実際に学ぶかどうかはその人の判断、その人が選択すべきことです。

本　田 なるほど。でも、そうすると僕がすごく悪い人になるのです。

バシャール そんなことはありません。

それは、じつはその人が自分の中ですごく怖いと思っていることがそこに投影されているだけで、その人があなたのことを悪い人と思ったとしても、だからといって実際にあなたが悪い人という意味ではありません。

本　田　もちろんです。

でも、それによって結局僕は批判されたり、場合によっては危害を加えられたり、殺されたりする可能性があるわけですよね。たとえば、ジョン・レノンのように。

バシャール　だからといって、何でしょう？

どのみち、いつかは死ぬわけです。

自分がワクワクすることをやって死んだほうがいいですか？

それとも、ワクワクすることを1回もしないまま終わったほうがいいですか？

それは、あなたの選択です。

本　田　きついですね（笑）。

バシャール　そういうのならそうでしょうけれども、それもまた、観念に基づいた発想です。

また、ジョン・レノンがなぜあの瞬間、世を去ることを選んだのかということは知らないわけです。

でも、理解すべき点というのは次のとおりです。

そういったことを経験する可能性はひじょうに低いわけです。

怖れに基づいた観念に自分が負けてしまうと、そのようになりがちですが、そういったものがなければ、そのようになる確率はひじょうに低くなります。

行動、考え、感情は観念を知るバロメーター

本　田　簡単に観念を変える方法を教えてください。

バシャール　まず、その観念が何なのかを知っていなければなりません。そこにあると知らないものを変えることはできませんから。

ですから、マイナスな考え方や発想があると気づいたときに、簡単な質問をしてみてください。

この状況において、自分に対してどういった観念があるからこそ、自分は今こういったことを感じているか、あるいはこういう行動を起こしているのかということです。

あるいは、違う形でそれを聞くこともできます。もしこのまま自分の情熱に基づいて前に進めていったとすると、自分はこの先起きることで何を怖れているのかということです。

自分に正直で答えを聞くのが怖くなければ、何らかの形で答えが出てきます。その観念が何であるのかということを見ることができます。

それを自分の意識にもってくることができ、そしてそれが何であるかということに気づきます。

ですから、そういった本当の自分と整合性がとれていないような観念があると気づいたときに、それ自体がおかしなもの、あるいは理にかなっていないようなものに感じられるわけです。それが無意味だと思った瞬間に、それは消えます。

でも、理にかなっていないと思うのは、そのプロセスの終点であって、最初の時点で起きることではありません。

理にかなっていない、意味がないと思った時点で、そのこだわりを自分の中にもちつづけることはなくなるわけです。

もしそうやってこれは意味がないからと手放した後も、自分の考え方、感じ方、あるいは行動が変わらないとなれば、それは本当に根底にあるような観念にまだたどりついていないわけです。

ですから、さらに探しつづけ、調査をしてみてください。

本当にそれを手放すことができたかという証拠となるのは、自分の感情や考え方や行動が変わるということです。

どのようなことであろうと、そういった行動、考え方、感情が生まれるのは、そもそも何かの観念が最初にあるからです。

その定義は、家の青写真（ブループリント）のようなものです。観念の定義というのは、そもそも観念や青写真が正しいと信じていることから発しています。

感情（エモーション）は「e・motion」と書きますが、エネルギーと運動という意味で、それが家を構築するものです。そして、考え方のパターン、思考はその家をつくるための材料です。行動はその家をつくるための建築方法です。

もしその青写真、あるいは定義が自分のもともとの状態と整合性がとれていなければ、できた家は強い家にはなりません。

というのは、そもそも間違った材料で、間違った方法で、間違った形で家がつくられたということで、弱い家しかつくられないわけです。

ですから、もし家、すなわち自分の現実が崩れ落ちてきているとすれば、それは青写真ないし定義のほうに戻ってみてください。自分が本来こうでありたいというビジョンと整合性がとれていないということになるでしょう。

その部分を見直して、正しい形で、正しい材料を使って家を構築していけば、ひじょうにしっかりとした強い自分の現実がつくられるということです。

ですから、**物理的な現実がうまくいっていない場合は、その定義に必ず戻ってみてください**。そうすれば、そもそも自分の現実をつくっているものがどういうものか、どういう状態なのかということがわかると思います。

ただ、この話が難しすぎると感じるか、またそう信じているのであれば、また別ですが。

本　田　今回は大丈夫です。

バシャール　それでは、みなさんはこれで「バシャール建設学校」を卒業ということとになります。

やがてお金がいらない時代がやってくる

本　田　お金についてもう少し話をしたいのですが。
今、お金についての本を書いていて、タイトルは『ハッピーマネー happy money』です。

バシャール　お金というのは、ハッピーですか？

本　田　お金を幸せにするという意味です。

バシャール　人ではなくて、お金を幸せにするということですか？

本　田　パーソナルハッピーにしましょう（笑）。

バシャール　では、ハッピーパーソンですね。

本　田　僕のメンターの竹田和平さんという方に教わったコンセプトなのですが、幸せに、豊かに生きるには、どうすればよいかということです。

和平さんからは、**お金が入ったときに「ありがとう」といい、お金が出ていくときに「ありがとう」といいなさいと教わりました。**

バシャール　豊かさというのはつねに感謝の状態を保つことがとても大切です。ですから、お金が入ってくるときも出ていくときも、そのように感謝の気持ちを表現することは、事がすべてオーケーな状態で運ぶということで、流れをつくるわけです。

本田　その活動を今から世界的にやっていこうと思っているのですが、世界の人たちが幸せにお金を使いだすようになるには、どれぐらい時間がかかると思いますか？

バシャール　本当にコンセプトを理解してそれを実行することができれば、みなさんの社会はそもそもお金を必要としなくなります。

ですから、今おっしゃっている概念というのはハッピーマネーというよりも、ハッピーアバンダンス、豊かさという意味ですね。

本田　はい、それを目指しています。

バシャール　でも、そこでお金というアイデアに焦点を当てることによって、お金だけが大切だと勘違いする人も出てくるかもしれません。

でも、お金は豊かさの象徴だと定義を広げていけば、みんなにわかりやすくなるかもしれませんね。

最初の質問にお答えしますと、約50年から100年の間にお金の発想が変わり、それが何を表すかということも変わっていきます。

そして、**300年ぐらいたてば、それが交換の要素として使われなくなるでしょう。**

私たちの社会では、みなさんがもっているような形でのお金はありません。私たちにとってのお金はそれぞれがもっている能力や技能です。というのは、何かを必要としている人がいたとすると、シンクロニシティによって完璧なタイミングでその人が必要としているものを運んできてくれる人が現れるわけです。

本田　なるほど。ということは、エササニ星には仲介ビジネスはなさそうですね。

バシャール　そうですね。**私たちの社会ではすべてが完璧な状態でシンクロニシティの中で交換されていき、いろいろな贈り物をお互いに送り合い、流れていきます。**

本　田　シンクロニシティは、誰がデザインしているのでしょうか？

バシャール　それは存在に組み込まれているもので、そのように作用するものです。存在というのはそのままあるだけで、何かの対象となることはありません。ただ、その構造についてみなさんにお伝えしているだけです。

そうすることによって、それがもっと効率的にみなさんのメリットにつながるわけです。不利なところにつながらないように使っていけるということです。

存在というのは、性質は1つです。それは「be」という動詞ですけれども、「いる・ある」という、それだけです。

みなさんには、その存在の構造についてお話しししているだけです。

―本田健コラム―

お金から自由になる方法とは？

「お金から自由になりたい！」という質問をよく受けます。それだけ、お金に関して不自由に感じていたり、不安を抱えているのでしょう。

でも、漠然と自由になりたいなぁと思っても、気がついたら自由になっていることはありません。

お金の奴隷になっていたり、いつもお金のことを心配している人が、お金から急に解放されることはないからです。

お金から自由になるためには、３つの方法があります。

１つ目は、お金のことを考えなくてもいいぐらい、たくさん稼ぐこと。ふんだんにお金があれば、お金を意識しなくても自由になれます。

2つ目は、お金というものを使わず、自給自足に近い生活をすること。できるだけ現金から遠ざかることで、お金から自由になれます。

3つ目は、お金から感情的に自由になり、上手につきあうこと、です。


自給自足のヒッピーのような生活をしたくない、億万長者になるのも、現実的でないと考える人は、第3の方法しか残されていません。

お金に対して、私たちは、たくさんの感情を感じています。

イライラしたり、ワクワクしたり、怒ったり、悲しんだりしています。お金が入ってきたり、出ていったりするときに、感情を感じるのは、ごく普通のことです。

それは私たちが、ごく小さいころから、お金に対してネガティブなことを教わっているからです。

「お金がないのは、頭がないのと同じ」「お金は、木にならない」「お金がなくなったら、死ぬしかない」といった言葉は、とても私たちにポジティブな感覚をもたらしません。

したがって、お金から自由になるためには、ふだん、どういう感情をお金に対して感じているのか、自分でチェックしておく必要があります。

「お金があれば、自由になれるのに」「お金がなくなってしまうことへの不安がある」という人は、どれだけお金を稼いでも、資産をつくっても、安心することはできません。

お金から自由になるためには、感情的に、お金に振り回されないだけの知性が必要です。この知性の部分をお金のＩＱと呼んでいます。

お金に関して知性がないと、お金のトラブルに巻き込まれたり、お金のことでやりたいことができなかったりします。

お金に関する知性を身につけることも同時に大切です。

自分の才能を使って仕事をするのも大事な要素です。ワクワクすることをやると、人生が展開していくという話をしましたが、結果的にお金もついてきます。

最初は、あまりお金にならないかもしれません。でも、眠っている才能を磨き、社会と分かち合うことで、お金になります。

誰かを喜ばせることをやっていると、そのうちに、「お金を払ってもやってもらいたい！」という人が出てきます。

自分の大好きを追いかけ、洗練させていくぶんだけ、経済的にも恵まれるようになります。

一部のスピリチュアルな人のなかには、ワクワクすることさえやっていれば、すべてがうまくいくと考える人もいるようですが、そんなに簡単にはいきません。

もちろんメンタル面も大事ですが、現実的にお金や仕事をどうするかも考えておく必要があります。

お金から自由になるために、感情と現実面の両方からアプローチしてみてください。

CHAPTER

4

見えないものが見えると、人生が拓ける

――魂と感情について

人生の経験はすべて自分で決めてきている

本田　世の中には、不幸な事故や事件がたくさんあります。交通事故や殺人、地震などの災害に巻き込まれて亡くなる人は多いですし、なかには4歳で亡くなる子どももいます。

そういう悲劇的な死もやはり人がそれぞれ魂レベルで選んでいるということなのでしょうか？

バシャール　ある意味ではそうです。

みなさんもそうですが、**すべての魂は力をもった、パワフルなものです。そして、何を経験するのかは、それぞれ違います。**

ある魂が、肉体の世界を4年しか経験しなくてもいいと決めたとします。

それで十分その魂が学ぶべきことを学ぶことができて、その4年がたったら、いちばん早い、いちばん楽で簡単な形で死ぬように、あるいは殺されるようにつくっていきます。

それはあくまでも自分は4年間で十分だと決めているからかもしれません。

かといって、ここでぜひ理解していただきたいのは、殺人犯が人を殺していいといっているわけではないということです。

殺人を起こすような人というのも、そういった恐怖の世界から自分を切り離して、そういうことをしないようにする責任をもっています。

ということは、つまりこれから社会が発展し成長していけば、みなさんは自然な形でしか死なないようになります。

しかし、今はまだいろいろな怖れをもっている人たちがいますので、この時期を選んだ魂が、その人を殺してしまうような弱い魂を自分で呼んでしまうこともありえるわけです。

ぜひ覚えておいていただきたいのは、**どんな形の死に方であろうと、死というのはどこかの瞬間で選んだものです。**

人によっては長い間生きた末に亡くなることを選ぶ人もいますし、もっと早い時期を選ぶ人もいます。

これはポジティブな理由もありますし、ネガティブな理由の場合もあります。

たとえば、有名人の場合、すでに人の前に立っているような人ですと、早い時期に死ぬことによって、その姿を見た人々が何か社会的な問題に目が行くということがあります。

その結果、その社会的な問題が是正されることに、じつはその人が貢献したということになるわけです。

ですから、そのために目を引きつけるような時期に死んだ、あるいはそういう死に方をしたということもあります。


あるいはそうではなくて、じつは怖れベースの考え方があって、より早い時期に自分は殺されるのではないかという恐怖があったのかもしれません。

重要なのは、他の人に起きたことが必ずしも自分に起きると決まっているわけではないということです。

その人が何をつくったのか、そしてそれをなぜつくったのかということを理解することが大切です。


重要なのは、**いつも自分の熱意を代表するようなポジティブな状態で**

いれば、つねに自分にとってポジティブなこと、自分のためになることしか起きないということです。

それがそもそも、ワクワクすることをやっているという波動なのです。

というのは、じつは自分が好まないようなことが起きたとしても、それを今度はポジティブな方向に使っていって、そこからポジティブな効果をつくりだすことができるということです。

本　田　でも、たとえば4歳のお子さんを事故などで亡くしたお母さんなど、一生立ち直れない人もいるわけですよね。

バシャール　それはそういう観念があるからです。

お母さんはその魂ともう心がつながっていないと思ってしまうからですが、じつはその魂に触れることができるのです。

しかも、その母親は、その子どもの魂とはそもそもそういうことが起きるという約束をしていたことを忘れてしまっているのです。

早い時期に人が亡くなるというのは、場合によっては、手を伸ばし、心を広げれば、残された人はその魂に触れることができるということに目を向けるためかもしれません。

それに気づけば、どんどん精神世界に手を広げていくことができます。そして、自分の意識を広げ、さらに死は最後の結末ではないということに気づくきっかけになるかもしれません。

みなさんに覚えておいていただきたいのは、**魂は永遠に不滅だということです**。この肉体の世界はあくまでも幻想であり、一時的なものにすぎません。

魂の観点からすれば、それはまるで遊園地に行ってジェットコースターに乗るようなもので、数分乗って終わります。

本　田　バシャールのいっていることはよくわかりますが、そうするとバシャールはそういった人に対してコンパッションというか、「かわいそうだね」「大変だね」といった慈悲の心は必要ないと考えているのでしょうか。

バシャール　そうはいっていません。

でも、コンパッション、慈愛というのは、「かわいそう」と思うこととは違います。

コンパッションとは、その人がどういったことを経験しているのか、大変な時期を経験しているということを理解し、それに対して必要であれば手助けをして、さらにその人がそれを経て、必ずそこから立ち直ることができることを理解してあげることです。

というのは、魂というのは不滅ですから、そこで壊れることはありません。ですから、**そのときに必要な支援をしてあげて、それをポジティブなものに変えていってあげるということです。**それがコンパッションです。

英語でコンパッションというのをぜひ見ていただきたいのですが、「com」と「passion」がくっついた言葉で、「com」というのは伝えるということ、「passion」は情熱ですから、自分の情熱を伝えるという意味です。

自分のパッションのエネルギー、波動にその人を取り込み、そしてその人が悲しみの中からまた立ち上がり、ポジティブな状態に変わっていくことができるようにするということです。

本田　すばらしいと思います。

魂の不滅がわかると悲しみの本当の意味がわかる

本　田　もしバシャールが人間だったとしたら、そういう人に対してどのような言葉がけをしますか。

バシャール　今いったようなことです。

「今はつらいという気持ちはわかります。悲しいということもわかります。でも、私はあなたのためにここにいます。だから、あなたは1人ではありません。一緒にがんばっていきましょう。そうすれば必ずここから何かいいことが生まれるということを、私は知っています」と伝えると思います。

本田　なるほど、よくわかりました。素敵な答えですね。

バシャール　この状態の皮肉な点というのは、次のとおりです。

多くの人が最初は悲しむであろうということはわかります。精神世界とつながって、相手の人はけっしていなくなったわけではない、自分がその人を失ったわけではないということに気づかないと、そのままずっと、悲しみが続きます。これがその人が理解できないことです。

亡くなった人のことを考えて、悲しいと思う気持ちが起こるのは、実際は亡くなった人のほうから一生懸命連絡をしよう、コミュニケーションをとろうとしているのを、そう感じてしまっているという場合があります。

当人はもう相手がいない、失ってしまったと思っているので、その人がコミュニケーションをとろうとしても、それを悲しみとしか感じないわけです。

じつは、悲しみというのは相手を失ったという観念があるからそう思ってしまうのであって、相手が一生懸命働きかけてきて、コミュニケーションをとろうとしていることの副作用であるわけです。

でも、そのときにどうしても悲しみしか感じないというのは、その人がそれを手放していないからです。

(日本語で) ワカリマスカ?

本田　よかったです。バシャールは冷たい人だと思っていましたが、すばらしい愛の人だということがよくわかりました。

バシャール　ありがとうございます。

本　田　それにしても、人間のことを本当によくわかっていますね。

バシャール　私もみなさんの現実の中に生きているからです。命と愛があるからです。

みなさんの社会の中で実際に自分が生きてこなかったら、このように理解することはできなかったでしょう。

こういったファーストコンタクトをする人は、たいていの場合、何らかの形で同じ人生をその中で共有しているということがあります。

それがないと、相手を理解したり、社会や文明を理解したりすることができません。相手が、あるいはわれわれが相手と違いすぎて、それこそとてもエイリアンのような気分になってしまいます。

ですから理解できるのです。

感情をたどると物事への定義が姿を現す

本田　次に、感情についても聞きたいと思います。

バシャール　それは動きのあるエネルギーですね。

本田　はい。人間はいろいろいっても感情の動物だと思います。

バシャール　でも、何らかの定義があるから感情が生まれるのであって、そう思っているから人間は感情の動物となるわけです。

というのは、何かに対しての定義がなければ、それに対してどう感じていいかというのはわからないからです。

ですから、**感情を使ってそれをたどっていくことによって、そもそもその発端となっているものが何なのかということを見つけることができます。**

本田

感情は定義なしでは存在しえません。何かがエネルギーにパターンを与えなければなりません。

感情というのはエネルギーのパターンです。

そして、その定義というのはみなさんが感情として経験するエネルギーのパターンを引き起こします。

でなければ、そのエネルギーはフラットな状態で、そういったパターンはないわけです。そして、何も感じません。

ですから、感情は人間にとって幸せにも不幸にもなるエネルギーだと思います。

バシャール

感情が不幸や幸せをつくるのではありません。

それはそもそも定義で生まれてくるものであって、感情というのは不幸の代表だったり、幸せの代表だったりするわけですが、それは定義が本当の真なる自分と整合性がとれているか、とれていないかというところから発しています。

テクニックや許可証を使うことによって、ポジティブな波動のパターンを使ってそれがどういう感じなのかということになじんでいくことはできると思いますが、**不幸や幸せというのは感情から生まれるものではなく、その定義から生まれるものです。**

感情と考え方と行動というのは原因となるものではなく、何かをはね返していくものです。

本田　はい。観念を見ていくことで解けるということはよく理解できました。自分のことについては。

しかし、相手が怒っていたり、落ち込んでいたり、感情的にすごく混乱している場合、どのように対処すればいいのでしょうか？

たとえば、「バシャールは観念が感情をつくるっていっていたんだよ」といったら、たぶんもっと怒ると思います。

バシャール　でも、それはあなたの問題ではないですよね。

本田　でも、そういう人と一緒に暮らしている可能性もありますよね。

バシャール　だったら、その人と一緒に暮らすのをやめればいいわけです。

本　田　そんな、極端な（笑）。

バシャール　そうですか？

本　田　もう少し相手の気持ちを楽にしたり……。

バシャール　一生という意味ではありませんが、いったん離れて戻ってくれば冷静になるかもしれません。

議論ではなく、きちんと会話ができるようになったときに戻ってくればよいでしょう。

すべてのネガティブはポジティブへと変えられる

本　田　もう少し使えるテクニックはないのでしょうか？

バシャール　いろいろなテクニックがあります。もし相手がそれを使う意思があれば、ですが。

でも、相手にそれを使う意思がなければ、あるいは聞くという意思がなければ、あなたに何ができるでしょうか？

相手がそれに注意を払っているかどうかは、あなたの問題ではないといいましたよね。

相手にとって役に立つかもしれないアイデアを提案するところまでが

そちらですべきことであって、それを使うかどうかは相手しだいです。自分が好むことを相手に許してほしいのであれば、相手が何をしているのか自分でわかっていなくても、自分も相手が好きにしていいと許さなければなりません。

もし相手を強制的に変えようとすると、じつは相手が発しているのと同じネガティブなエネルギーを発しているだけで、相手と変わらないことになってしまいます。

種をまき、少し水を与え、太陽を浴びせ、あとは一歩下がってそれが成長するかどうか、観察していくのです。種に向かって上から「さっさと成長しなさい」と怒鳴りつけませんよね。

それをしても、あるとき気づくでしょう。**自分が真上に立っていることによって、太陽の光を遮断していたから伸びないのだということに。**

本田　でも、たとえば相手が会社の上司や、義理のお父さん・お母さんなど避けられない関係の場合は、そうもいっていられないと思います。

バシャール　誰が避けられないといったのでしょうか？

本田　辞めたり、離婚したりすればいいとは思いますが……。

バシャール　そうです、できますよね。それも選択肢です。もしそもそも波動が合わないという状態が変わらないのであれば、離れる選択肢が与えられているということです。

合わない波動がどんどん増していって、いずれそこから自分が押し出されることがあったとしても、それは自分にとってちょうどいいことではないですか。

そもそも一緒にいられないような波動になっているのであれば、そういうことがあってもいいということになります。

先ほど、どういうときに人間関係を終了させたらいいのかという話がありましたが、どんどん相手と一緒にいてもいいという波動が劣化していって、しかも自分がありたい状態になれない波動がどんどん増えていったとしましょう。

それでも相手が去りたくないとなると、さらにいい関係の波動がどんどん減っていくので、結局去っていくということがうまく生じることになるわけです。

このとても大切な原則について、ぜひ覚えておいてください。

何が起こるのかということは重要ではありません。それよりも起きたことで自分が何をするかということが大切です。

どんなに物事がネガティブに見えて、どんなに自分の好まない状態であったとしても、それは必ずポジティブな形で活用していくことができます。

そのサインをぜひ見逃さないように、注目していってください。

偶然はありません。必ずすべて音頭がとられた、指揮されたものです。必ず物事には理由がありますので、そういった兆候にぜひ目を向けるようにしてください。

よろしいですか。

―本田健コラム―

観念を変えるために、あなたが今すぐできること

観念とは、自分の中で、「お金とは、〇〇だ」「男性（女性）とは、〇〇だ」「人生とは、〇〇だ」と、考えていることをいいます。

どういう観念をもっているかで、人生ができあがるといってもいいでしょう。

1つ例を挙げると、「お金は、面倒くさいものだ」という観念をもっている人は、お金に関わることに面倒くささを感じます。

その観念をもつことで、お金に縁がない人生を送ることになります。

「男女関係は、苦痛をもたらすものだ」という観念をもっている人は、男女関係から遠ざかろうとします。

その結果、シングルで生活することになります。

「時間はいつもない」と思っていると、慌ただしい毎日を送ることになります。

一方で、ポジティブな観念をもっている人もいます。

「お金は、十分にある。たくさんお金は流れてくる」と考えている人は、お金の流れを楽しむことができます。

また、「人はいつも自分に親切にしてくれる」と考えている人は、どこに行ってもすばらしい人と出会うことができます。


観念は、あなたの人生をつくる設計図ともいえます。あなたの中にある設計図どおりに、いろんな出来事が起きているとしたら、ちょっと怖いですね。

お金は汚いと考えていたから、お金が十分になかった。仕事は苦しいものだと思っていたから、楽しめないのだとしたら、人生のつらいこと、苦しさは、自分の観念がつくっているともいえます。

そもそも、自分たちの中にある観念は、どこからきたものでしょうか？

なぜ、「お金は汚い、面倒だ、人を不幸にするものだ」と考えるようになったのか。

私たちが小さいころに、両親が考えていたことだったり、近所の人、学校の先生、親戚、友人の観念も、私たちの考え方に影響されているのです。

知らないうちに身についた観念ですが、元をたどっていけば、必ず誰かいます。


では、その観念を変えるために、何をすればいいのでしょうか？

それには、5つおすすめできることがあります。


まず1つ目は、自分の中にどんな観念があるかを調べ上げること。

「お金とは、〇〇である」「人生とは、〇〇である」「仕事とは、〇〇である」といったテーマを選び、その文章を完成させましょう。

そうすれば、自分がお金、人生、仕事、男女関係に関して、相当ネガティブな観念をもっていることに気がつくでしょう。

2つ目に、その観念がどこからきたのか、できたのかをみていくこと。観念をたどっていくと、誰かに行きつきます。最初は、自分の両親や兄弟姉妹でしょう。そのあとは、祖父母だったりします。

文化的なものもあるかもしれません。関西で育つのと東北では、生きるノリが違ってきます。都市部で育つのと、田舎《いなか》でも違うでしょう。

自分が育った文化の人たちが色濃くもっていた観念をみていきましょう。

3つ目に、その観念の周辺に必ず過去に起きたドラマがあるので、それをみて、悲しみ、怒り、恨みがあれば、癒すことです。

観念ができたきっかけは、必ずあるはずです。

たとえば、お金のことで両親がケンカしているのを見て、お金って人を仲たがいさせるものなんだと考えるようになったかもしれません。

4つ目に、では新しい観念を採用したければ、どんな観念がいいのか、考えてみること。自分がどういう観念をもちたいのか、それぞれの分野について、書き出してみましょう。

たとえば、お金に関してなら、「お金は、自由に楽しく入ってきて、幸せに出ていく」という観念をもつ。

5つ目に、新しい観念に基づいて、生きることです。新しい観念として、どんなものをもちたいのか、考えてみましょう。

「すべての人間関係は、幸せをもたらしてくれる」「仕事は、自分の愛を表現して、受け取ってもらう活動」「お金は、関係者全員を豊かにする」などの観念を書き出してみましょう。

このステップを踏むと、自分にとってもう必要でない観念を新しいものに書き換えることができます。

CHAPTER

5

最高の未来をつくりだす方法

――次元上昇とパラレルワールドについて

すべての人は1秒に何十億回も変化している

本田　これから聞きたいことは次元上昇、人生を大きく変化させることについてです。

先に、シンクロニシティにガイドされて人生をどんどん変えていくという話をしてくれました。

ワクワクに応じて、ものすごく次元を上昇させるように人生を変化させる人と、同じような人生を生きている人たちがいます。

最高におもしろい人生を生きるために、今日はどういうことが必要なのか、さらにバージョンアップさせて、ぜひ聞きたいと思います。

バシャール

発想としては、**本当に情熱をもって行動を起こしていけば人生が変わるわけで、もし変わらなければ、それはそのような情熱をもってやっていないということになります。**

他人から見て必ずしも明らかになるものではありませんが、実際にパッションをもって生きている人というのは、いろいろなことの察知の仕方が変わってきます。

それが、パッションをもって生きていないときと比べて、大きく変化することです。

自分がある状態とは違った波動の現実は、経験できないということをぜひ覚えておいていただきたいと思います。

もし自分が好まない状況になって、そういったことを経験しているとすれば、それは真なる自分とは違う状態にいるということを意味します。

覚えておくべき点はつねに変化しているということです。先に述べたとおり、**毎秒、何十億回と変化が起きています。ただそれが変化していないかのように見せることはできます。**

まず第1歩目は、つねにいつも変わっているということを認識することです。そうすることによって、いつも変わっているということを把握できます。

前に「5つの法則」のことを話しました。1つ目、あなたは存在している。2つ目、すべてが今、この場にある。3つ目、すべてが1つで1つがすべて。4つ目、出したものが返ってくる。

そして5つ目の法則として、これらの法則以外はすべてがつねに変わっているといいました。

じつは、意識は1秒間にその焦点を、1つの現実から次の現実に何十億回と変えています。

これはそういったものの副作用であるわけです。

このすべての瞬間の変化は、自分が経験することのトータルになっていきます。

最初の第1歩はいつも変わっているということ、すべてが変化しているということに気づくことです。

どれだけ変化しているのか、わずかなのか、それとも大きな変化なのかということは、自分がそれをどのように表現していくかによって変わっていきます。

というのは、**実際に毎回同じような観念を再生してつくり直していると、じつは自分がどれだけ変化しているのかということに気づかないからです。**

ですから、つねに自分が変わっているという信念に基づいてやっていけば、自分が変わっているということをもっとふんだんに経験していくことができます。

連続性というのは幻想です。その瞬間ごとにいつも変わっています。いつも新しい人間、いつも新しい現実が生まれています。それを認識すればするほど、その変化したという感じが膨らみます。

本田　ということは、自分が行きたい未来に対してそちらを見ながらたくさん変化していくということでしょうか？　未来にフォーカスするということが大事なのでしょうか？

バシャール　今に目を向けることが大切です。

本田　でも、少し待ってくださいね。理想の未来があって、そちらに行くために現実を変えていくためには、現在も変えるわけですが、未来も見ないと変えられませんよね。

バシャール　そうではありません。

前にもお話ししましたが、**理想の未来を自分の中でイメージすることは、それに向けて今自分がワクワクして、今自分が変わっていくということです。**

ですから、クリアにイメージするのは今を変えるためであって、未来に焦点を当てるということではなく、そういったアイデアに対して今ワクワクするということです。

大きく世界が分かれるときがやってきている

本　田　次に、パラレルワールドについても聞いてみたいと思います。

バシャール　（おどけるように）パラレルワールド！　どうぞ。

本田　乗ってくれてありがとう。
これからたぶん大きく世界は変化していくと思いますが、ポジティブな世界とネガティブな世界と、たくさんのパラレルワールドが僕には見えます。

バシャール　もうすでにそれはありますね。
今、同時期にすべて存在しています。
だからこそ、いろいろな世界に移っていくことができるわけです。

本田　今すごく愛のある世界と、一方ですごく悲しみや絶望、恐怖、憎しみがある世界と、同時に存在している感じがします。

バシャール　そうですね。その間のものもたくさんあります。

本　田　たとえば、個人的にはとてもたくさん愛がある感じがするのですが、世界の政治や戦争地域を見ると、悲しみでいっぱいという感じがします。

バシャール　というのは、**今はまだそういった自分が好まない世の中を観察することができるからです。**

実際は分かれていて、ガラスの壁がその間にあるわけですが、自分が生きている世界と自分がもはや作用や効果を受けない世界をのぞくことができるのです。

この先どんどん未来に進むにつれてこの分離がどんどんはっきりしてくると、いろいろな地球のバージョンが存在していき、自分も別の地球の存在を察知することができなくなりますし、相手も自分を察知できなくなっていきます。

今の時点ではまだ重なっている部分があるので、1つの世界からもう

1つの世界を見ることができて、向こうもこちらを見ることができますが、これから先どんどんそれが進んでいけば、お互いが見えなくなっていきます。

そのスプリットは、すでにはじまっています。

本田

でも、行きたい世界に行こうと思っても、なかなかうまくいかない人もいます。

バシャール

でも、うまくいかないと思っているだけで、実際はうまくいっていて、事は完璧なわけです。

先ほど、今はまだ自分がいない世界が見えるといいましたが、そのとおりで、自分が望まない世界が見えるからといって、自分がそこにいるとはかぎらないわけです。

本田　なるほど。今僕が見ている世界は、苦しみや悲しみ、競争がまったくなくなっている世界です。
そして、その世界では大人たちがお互いを尊重し、子どもたちのことも尊重し、全員が好きなことをやっています。

バシャール　それは私の惑星のことを話しているようですね。

本田　いいですね。

バシャール　それは将来、これから経験していく地球のバージョンです。でも、**それはステップ・バイ・ステップで起きることであって、そのために自分がみなさんのお手本となるようにふるまっていくことが必要です。**そういうお手本が増えれば、それについてこられる人も増えるのです。

だからこそ、みんなも一緒についてきてくれます。自分だけポンと1人でそういう世の中に行ってしまったら、「あれ？　あの人はどこに行ってしまったんだろう」ということになってしまいます。いろいろな友達を置き去りにしてしまうのです。

ですから、みんなにとっていちばんいいペースで進んで動いていくわけです。すべての人たちのためになるように、すべての人たちにとっていい移り方をしていきます。

寝ていても100パーセントの情熱を傾けられる

本田　そのつくり方、選び方ですが、たとえば僕の場合でいえば、八ヶ岳にいながらオーガニックな野菜を育て、ただすばらしい地球を祈るという方法があると思います。

もう1つの方法は、世界的に本を書いたり、講演したり、たくさんの活動をするという方法ですが、そのどちらの世界でも、行くことが可能だということでしょうか？

バシャール　はい、そうです。

それぞれ違う世界なのですが、**自分がいちばんワクワクすることをやっていけば、少しそれぞれ違う形であろうとも、結局同じようなところに到達していきます。**

ある意味、それはみんな同じ方法でそこにたどりついたともいえます。というのは、みんな自分がもっともワクワクすることをやってきたからです。

本　田　100パーセントワクワクしたらそこに行けるのでしょうか？

あるいは70パーセントのワクワクだと、少し中途半端なところに行くのでしょうか？

バシャール 自分が出しているものが反射して返ってくるのみですから、そのとおりです。

たとえば70パーセントの笑顔で鏡を見たとすると、100パーセントの笑顔を鏡は返してくれませんよね。

それが物理の法則です。出したものが返ってきます。

物理的な世界というのは、あくまでも鏡で反射したものが返ってくるだけです。

本　田 バシャールのいうことは本当によくわかります。ただ、100パーセントずっとやるというのは、しんどいですよね。

バシャール わかるといっていてその後が続くのだったら、それはやはりわかっていないということになると思います。

しかし、その先をどうぞ。

本田　人間にとって100パーセントやりつづけるのは、けっこう大変です。

少し休みたいときもあります。

バシャール　それも観念です。

でも、その休むというのもワクワクした気持ちで、パッションの一部として休むことはできますよね。

本田　なるほど。

バシャール　前にもいいましたが、ワクワクすることをやるというのは、つねに走りまわっているとはかぎりません。

たとえば、寝ることにすごくパッションをもつということもありえます。自分の自然なリズムを追っていけばいいわけです。

本　田　よくわかりました。バシャールはハイテンションなので、寝なくていい人だからずっとやれるのだろうと勝手に思っていたのですが、それも観念ですね。

バシャール　そうですね。それは解釈ですね。

本　田　なるほど。でも、バシャールのエネルギーを感じて、全身が今活性化されている人は、どれぐらいいるでしょう。

バシャール　それは、私たちの波動が典型的な人間の波動よりもずっと高いからです。**私たちのいる次元というのは、みなさんの次元の10倍の速度で自然**

に展開していきます。

このチャネルの体から発している電磁場を通して高い波動をみなさんが感じ取っているにすぎません。

ですから、休んでいるときもみなさんより高い波動で私たちは休んでいます。

その波動の周波数に違いがあるので、すごく活性化されたような気持ちになるわけです。

寝ているときこそ、魂の活動を行っている

本田　前回、聞き忘れたことが1つあります。

私たちは寝ている間に何をしているのかということです。

バシャール

いろいろなことをしています。

いろいろな現実を経験したり、いろいろな次元を経験したり、あるいは自分のソウルファミリーのいろいろな人たちと、コミュニケーションをとったりしています。

場合によっては、実在の肉体の世界で経験した情報を処理することで夢になることもありますし、また場合によっては違う現実の中で経験したことの記憶が、自分の頭では理解できないので、いろいろなシンボルが入り交じっていて、理解不能な夢になることがしばしばあります。

場合によっては、自分が寝ている間に自分の青写真を変えていくので、起きたときに別の人になっていることもあります。いろいろなことが起こりえます。

でも、覚えておいていただきたいのは、自然な状態というのは魂の状態だということです。

ですから、**みなさんが起きているのは夢であって、寝ているときは実際に起きている状態です。**

みなさんは本来、魂の状態であって、起きているときは、魂ではないという夢を見ているのです。それはあくまでも夢にすぎず、実際は魂のままです。

フィジカルリアリティという肉体や物理的な世界、現実は、じつは夢にすぎません。そのため、死は夢から目覚めるような状態でもあるわけです。

朝、夢から目が覚めて、すごく夢が現実のように感じますが、起きたときに「なんだ、こっちが本当の自分だ」と思うことがあります。

死ぬときもそのような感じで、死ぬ前の現実はすごく本当のような気がしたけれども、本当はこちらなのだという気持ちになります。

ときどき亡くなった人がすぐに連絡をとってこないので、なぜだろうと思うことがあるかもしれませんが、それはすでにみなさんが魂の状態でそこにいるからです。

こちらでは「あの人がいなくなっちゃって寂しい」と思うかもしれませんが、向こうはこちらがいないという気はしないのです。


現実世界というのは、魂からしてみれば本当に小さな一部であって、亡くなった人はみなさんの大半である大きな魂の部分と接しているのです。


こちらに残っている部分というのは、自分の存在の中では指1本ぐらいの小さな部分であって、場合によっては小さな指ぐらいの自分が悲しんでいると、亡くなった人は声をかけてくれるわけです。

「なんでそんなに心配しているの？　指の大きさほどの小さなあなた、

私たちはこれだけもっと大きな偉大なる魂だよ」ということです。

「その小さな指は今すごく悲しんでいるんだね」

「かわいそうな小さな指」

ということになるわけです。よろしいですか。

過去世も未来世もすべては同時に存在している

本　田　はい。では、それに関してたくさん質問が寄せられたのは、過去世と現在に関してのことです。

バシャール　でも、実際はすべてが同時に起きているわけですから、過去というのは幻想にすぎません。

過去世というのは違う人が生きた違う人生であって、それは、今同時進行で起きています。それをぜひお忘れなく。

過去世の記憶というのは、今現在、その瞬間とつながっている、この現実とその現実がつながったということで、それを記憶として解釈しているのです。

というのは、私たちはすごくリニアで直線的に時間が進んでいくと教わっているので、そのようになるわけです。

ですから、過去世といってもそれは別の人の別の人生であって、そことつながってそこから自分にとって必要な情報をとったりダウンロードしたりしています。

相手も私が今もっている必要な情報などを受け取ったりダウンロードしたりしているのですが、それらはじつは同時に起きています。

たとえば、テレビ番組と同じような考え方ができます。ある番組をある瞬間見ていて、チャンネルを替えて次の番組を見るかもしれません。

だからといって、もう1つの番組が過去のものというわけではありません。同時にそちらも流れています。そちらに戻ることができます。同時に両方の番組が流れているのです。

未来世、過去世、未来世、過去世、パンパンと切り替えるのと同じです。

それらは同じ時期に起きていて、同時に進行しています。ただ、どこに目を向けるかという違いだけです。

同時に、すべての人たちが存在しています。だから、たとえば「私はクレオパトラだった」という人が何人も出てきたりするわけです。50人、100人、あるいは1000人、「私はこの人だった」という人が出てくることがあるのは、そのせいです。

同時進行なので、その人たちは同時にその人とつながって、それを感じ取ることができるのです。過去世の記憶として、それぞれの人が理解したり解釈したりするのです。

ですから、過去があって、今の過去、今の未来、今のパラレル世界というものがあります。

あとはその関係性が違うだけで、違う「実体」に起きたと感じるだけですが、それは現実の世界はそのようにできているからです。

本田　僕が英語を勉強したときに、英語を話していた過去世から英語を話している記憶を呼び戻すということをして、とても短期間でマスターしたのですが、たとえばそういう感じのことでしょうか。

バシャール　そうですね。過去世でそういったことをやったところとつながりをもち、そこにつながるからこそ今生にそれを引っ張ってきて、そういうことが可能になるわけです。

もし本当に過去というものがあったとしたら、それを覚えておく、あるいはそことつながる方法はないはずです。今という瞬間しかないからです。

「何時ですか」と聞かれたときに「あのとき」、「この先のこのとき」とはいいませんよね。今の時間を答えます。

すべてが今です。みんなの今がすべて今で、視点が違うだけです。

存在しているのは、今という1つの瞬間だけです。

存在の視点というのは1つしか存在しません。それが今、ここということであって、すべてが今、ここであるわけです。

だからこそ、そこにアクセスすることができます。視点が少し変わって、尺度が少し変わって見方が変われば、いろいろ見えるものが違うというだけです。

存在というのはホログラフィックな、究極的な構造です。

なりたい自分のエネルギーに周波数を合わせる

本田　それに関して、僕がいろいろと学んだ体験から、過去世や未来世からエネルギーをもらうということを教えてもらいました。

しかし、過去世や未来世からのエネルギーが強ければ強いほど、たとえば今つきあっている人が自分に影響するように、現在にいるにもかかわらず、過去や未来からものすごく影響を受けるという可能性もありますよね。

たとえば、僕が王様だったときのエネルギーをもらい、そして世界的なベストセラー作家だったエネルギーをもらっているうちに、現在は普通のおじさんなのに、すごくそれがぶれてしまうということです。

バシャール

そうですよね。それは作家の王様になるかもしれませんよね。

理解を確認したいのですが、エネルギーというのはどこかから受け継いだり取ったりするものではなくて、**ただその周波数を合わせるということです。**

ですから、たとえばこちらの波動に少し合わせて、今度はこちらの波動に少し合わせて、その結果また3つ目の違う周波数ができるということで、その結果、また違った現実が経験として生きていくということになるわけです。

そのすごくいい例が目の前にあるわけです。今経験されているのはチャネラーが通常経験している波動ではありません。これは私の典型的な波動でもありません。

もし私と、今私がいる現実でみなさん方とフェイス・トゥー・フェイスで会ったとすると、今みなさんが感じられているものとはすごく違う感じ方をされると思います。

私が少し自分の周波数を変えて、相手のチャネラーも少し周波数を変えて、真ん中で会って、周波数を固めるわけです。そこからまた3つ目のアイデンティティをつくっていくわけです。

そういった形でみなさんはわれわれを経験しているということで、それが今この場で起きていることです。

みなさんはいろいろな周波数のレシピになっているわけです。

本田　そうすると、願望達成という意味でいくと、**未来において自分がなりたい自分をイメージしながら、そのエネルギーに現在をマッチさせると、**

未来になりたい自分のエネルギーが現在に存在することになるということですよね？

バシャール　そうです。

本　田　ありがとうございました。

ところで、バシャールの偽物がいるといううわさを聞きました。どうやったら本物のバシャールと偽物のバシャールを見分けられるのでしょうか？

バシャール　今みなさんに知っていただくべき点は、私がこのようにチャネリングするのはここにいるチャネラー（ダリル）のみです。

他にバシャールだといっている人がいたとしても、それはひじょうに似たような波動を感じるので、バシャールだと思い込んでしまうということがあるかもしれませんが、それは別の存在です。たとえば私と同じ社会から来ている別の存在かもしれません。

バシャールが連絡をとるのは、今のチャネル１つです。

でも、より大切なのは、それが誰であるか、何という名前を語っているかということよりも、**その情報が自分にとって有効なのかどうかということです。**

得ている情報がポジティブで、大きく拡張するようなものであるのかどうか、それとも小さくなるようなネガティブなものなのかと考えていけばいいのです。

それは私たちが今ここで語っていることに対しても、同じように判断していただいていいことです。

シェアするのは私たちのパッションですが、みなさんはこれを必ず聞かなければいけないということではなく、必ず私たちのいっていることを信じなければいけないということはありません。無視したければ無視してもいいのです。

必ずそうしなくてはいけないといった決めつけは、抵抗を生むからです。「インシステンス（insistence）はレジスタンス（resistance）」と英語ではいいます。

これは私たちのパッションであり、みなさんが聞いていても聞いていなくても、このように語りつづけます。

本田 よろしいですか。

はい。それでは、最後にみなさんにメッセージをお願いします。

バシャール みなさんのご奉仕に感謝します。私たちの言葉では、それを「アベイオ」といいます。

これは感謝という気持ちもありますが、直訳すれば「in service」、奉仕をするという意味です。

みなさんに無条件の愛をお送りします。そして、すごくワクワクした探検と自己発見、また遊びの日々をお過ごしください。

物事は思っている以上に簡単だということをお忘れなく。

あまりいろいろなことに対して真剣に、真面目になりすぎないようにしてください。

そして、あまり自分に対して厳しくならないようにしてください。

みなさんにそういったことは必要ありません。

そうではなく、みなさんは自由である価値があります。

そして、愛されているということを知り、楽しむ権利をもっています。

みなさんの人生です。自分が望むとおりに生きていってください。

そうしないと自分が本来つくられた形の状態ではいないということになってしまいます。

ありがとうございました。ごきげんよう。

―本田健コラム―

誰でも好きな現実をえらぶことができる！

バシャールは、パラレルワールド（並行宇宙）という言葉をよく使います。

この世界には、同時にいろんな世界が存在していて、それぞれのバージョンのあなたがいることを意味します。また、どこにあなたが存在するかは、自分で選択できるというのです。

「あなたがやりたいことを自由にやっている世界」と、「あなたが今までやってきた退屈な仕事を続ける世界」は、同時に存在しているわけです。

私が、最初にこのコンセプトについて聞いたのは、もう25年も前になります。

そのときは、そんなもんかなぁと思いました。でも、「いや、ちょっと待てよ。もしそうなら、どうやって別のいいほうの並行宇宙に行けばいいんだろう?」という疑問が出てきました。

どこでもドアみたいな便利なものがあるのかなぁ。そんなわけないなぁと、あれこれ考えたものです。

でも、あるとき、閃《ひらめ》きました。

「そうか! 今の世界が、もうその世界だと心から思えた瞬間に、変わるのだ」

たとえば、自分の本がベストセラーになる! ということが、感覚的に深いところで信じられたら、もうあなたは、新しい並行宇宙に行ったことになります。

どうやって、うまくいったかどうかわかるかって?

簡単なことです。

自分の書いた本が売れたら、あなたは、その世界に行けたっていうことです。

次元上昇というコンセプトは、こうして生まれました。

人生を変える人は、全然違う次元に、すっと一瞬で行ってしまうのです。

それが、あまりにも瞬間的に起こるので、たいていの人は、びっくりしてしまいます。でも、その前と後では、世界が全然違ってしまいます。

オリンピックでメダルをとったり、ノーベル賞、芥川賞などの賞をとる前と後では、人生が全然違ってきます。

そこまでではなくても、課長に昇進してからみんなの扱いが変わったり、独立して社長になったら、見える世界が違うのです。

もっと身近な例では、小学校から中学校、高校、大学と、世界が違う感じになるのと似ています。

次元上昇は、パラレルワールド間を飛び越えたときに起きるのです。その鍵は、イメージとリアリティ感です。

どちらの世界にいる自分のほうが、よりリアリティがあるのか、その比重によって、一瞬であなたの世界は変わるのです。

豊かに生きているあなたと、豊かさから遠く離れて生きているあなた。
ワクワクしているあなたと、落ち込んでいるあなた。
その2人のうち、どちらがあなたの現実になるのでしょうか？

あなたがえらぶほうが、現実になります。
そう、「未来は、えらべる」のです。

あとがき

最後まで読んでくださって、ありがとうございました。多くの人は、本を買っても、全部読み切ることはないと聞きます。

このページを読んでいただいているということは、あなたが最後まで目を通してくださったわけで、そのことに心から感謝申し上げます。

今、あなたは、どんなことを感じていらっしゃるのでしょうか？

やりたいことを思い出しましたか？

あるいは、もうすでにやっていて、「もっとやっちゃおう！」という気持ちになったでしょうか。

ふだん、安全第一で生きている人は、「やりたいことがわからないけど、見つかったら、ちょっと怖いなぁ」と感じているかもしれませんね。

あなたにお話ししていなかったことが、1つあります。

それは、この本を読んだ人は、「ワクワクウィルスに感染してしまう」ということです。

これは、思ったよりも危険です。もう退屈な人生には、戻れません。

本当は、「まえがき」でお話しするべきだったのでしょうが（笑）、このウィルスに感染すると、ワクワクすること、大好きなことをやりたくなるのです！

ずっと忘れていたこと、気になっていたことが、あなたにもあるはずです。それが前にも増して、あなたの中で大きくなっていくでしょう。

あなたが心からやりたかったこと、それをやるために生まれてきたようなことが、きっとあるはずです。

それをぜひ、やってください。今、すぐにやるのが現実的に難しいときは、やっているところをイメージするだけでもいいでしょう。

通勤の途中、お風呂に入ったり、夜寝る前のちょっとした時間に、それをやっている自分を想像してみるのです。

それがきっかけとなって、あなたの人生は動き出します。

どこか気になったところを旅したり、楽しそうだなと思うことをどんどんやってみましょう。

あなたのワクワクを追いかけていくのです。

そんなに大げさなことでなくても大丈夫。これから、家に帰るときに、寄り道せずに帰るのではなく、ちょっとウィンドウショッピングしようかな、ということでもいいのです。

ワクワクすることに、必ずしもお金はかかりません。あなたが楽しいこと、自分を快適にすることに、もう少し意識を向けてください。

あなたが調子づいてくるようなことをやりましょう。

子どものころ、「調子に乗っちゃ、いけません！」と叱られた人は、多いと思います。でも、大人になったら「自分を調子に乗らせる」ことが、大事になってきます。

あなたが、調子に乗らないと、毎日が楽しくなくなってくるのです。


ちょっと、イメージしてみましょう。

あなたが、めちゃくちゃ調子に乗ってきたら、何をやっているでしょう？

歌っているでしょうか？　旅をしているでしょうか？　料理を作っているでしょうか？　絵を描いているでしょうか？　人前で話しているでしょうか？

その「楽しくて、しかたがない！」という状態が、あなたのワクワクです。

あなたの中にあるワクワクのタネを育ててください。

それを成長させていくと、きっと、何かの形になると思います。

私は、バシャールのメッセージ、「ワクワクして生きる」を人生の中心において生きはじめて、25年以上がたちました。

その間、たくさんの幸せな人、不幸な人を見てきました。

つまるところ、その人のやりたいことを自由にやれる人は幸せになれるし、自分の意に沿わないことをやっている人は、幸せになれません。

それは、経済的、社会的にどれだけ成功しているかとは、あんまり関係ないようです。鍵は、ワクワクすることができているかどうかだけです。

あなたがワクワクすることをやっていれば、それだけでもう十分に幸せになれるのです。

そして、そのワクワクをもう少し洗練させて、まわりの人にも分かち合うことができれば、それが、さらなる幸せと豊かさを生みます。

あなたのワクワクエネルギーで一定数の人たちを喜ばせることができれば、それを仕事にして生きていくこともできます。

それは、お花でも、料理でも、マッサージでも、インターネットでも、人前で話すといったことでもいいのです。

分野によって、多少仕事にするのが難しいこともありますが、基本は同じです。一定数の人を喜ばせればいいだけなのです。

あなたの心が震えるとき、まわりの人の心も震えます。

あなたの心を震わせるためには、ワクワクすることです。このエネルギーによって、あなたの歌に、料理に、ホームページに人は感動するのです。

難しく考えずに、あなたの心が動くことをやってください。

あなたが、ずっとやりたかったことをぜひ、はじめてください。

きっと、それが何かにつながっていきます。

あなたのワクワクが、おもしろい世界のドアを開くことでしょう。

２０１９年９月

本田 健

本田健（ほんだ・けん）

神戸生まれ。経営コンサルタント、投資家を経て、29歳で育児セミリタイア生活に入る。4年の育児生活中に作家になるビジョンを得て、執筆活動をスタートする。「お金と幸せ」「ライフワーク」「ワクワクする生き方」をテーマにした1000人規模の講演会、セミナーを全国で開催。著書は、『きっと、よくなる！』『決めた未来しか実現しない』（小社）、『ユダヤ人大富豪の教え』『20代にしておきたい17のこと』（大和書房）、『大富豪からの手紙』（ダイヤモンド社）など130冊以上、累計発行部数は700万部を突破。

2014年からは、世界を舞台に講演、英語での本の執筆をスタートさせている。2019年6月にはアメリカの出版社Simon&Schuster社から、初の英語での書き下ろしの著作『happy money』をアメリカ・イギリス・オーストラリアで同時刊行。ヨーロッパ、アジア、中南米など、世界25か国以上で発売されることが決まっている。

ダリル・アンカ（Darryl Anka）

1987年に初来日し、そのときのバシャールのチャネルの様子をまとめた『BASHAR』が当時の日本人の精神性に大きな影響を与えた。以来、日米をはじめ、世界中で活躍している。自身の映画制作会社Zia Filmsをもち、Bashar Communicationsと共同で手がけた撮り下ろしの映画『First Contact』では、ダリルがチャネリングをするきっかけとなった1973年の三角形宇宙船との接近遭遇が語られている。往年の歌手、ポール・アンカはダリルの従兄弟にあたる。また、バシャールはダリルの未来世でもある。

バシャール（Bashar）

地球の3000年後の文明をもつ惑星エササニの多次元的存在。1987年に“初来日”後、ダリル・アンカのチャネルによって、独自の人生哲学、宇宙のしくみ、意識の進化など、叡智と愛にあふれたメッセージを届けつづけてきた。とくに「ワクワクすることをして生きよう」というメッセージは、多くの人の生き方に大きな影響を与えた。

ブックデザイン　西垂水敦・市川さつき（krran）
本文DTP　山中 央
編集協力　乙部美帆
通訳・翻訳協力　今崎和美
編集　斎藤竜哉（サンマーク出版）

本当にやりたかったことを、今すぐはじめよう!

2019年11月10日　初版印刷
2019年11月20日　初版発行

著　者　本田 健
　　　　ダリル・アンカ
発行人　植木宣隆
発行所　株式会社サンマーク出版
　　　　〒169-0075 東京都新宿区高田馬場2-16-11
　　　　電話 03-5272-3166
印　刷　共同印刷株式会社
製　本　株式会社村上製本所

ISBN978-4-7631-3789-0 C0030
ホームページ https://www.sunmark.co.jp

サンマーク出版・本田健の本

きっと、よくなる!

人生はよくなるようにできている

力を抜いて「自分らしさ」から始めよう——「お金」と「人生のあり方」を伝授し続ける著者が、お金をはじめ、ライフワーク、パートナーシップ、子育てなど、さまざまなテーマで〝豊かで幸せな人生を送るための秘訣〟を語った、渾身の書き下ろしエッセイ。

文庫判／定価＝本体600円＋税

お金と人生の真実

幸せと豊かさを手に入れるために

お金がわかると、人生が見えてくる——お金と幸せについて30年にわたって探究してきた著者が満を持して伝授する、お金に振り回されずに豊かに生きるための知恵。ときに友人にも魔物にもなるお金の正体が、ついに明らかになる!

文庫判／定価＝本体680円＋税

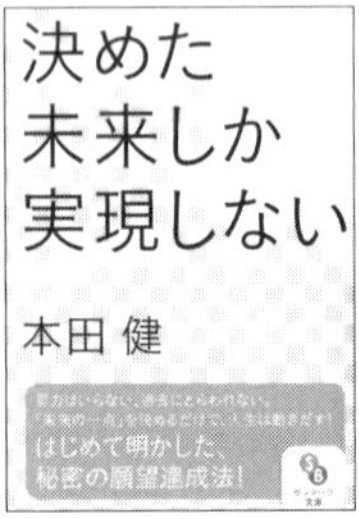

決めた未来しか実現しない

一歩を踏み出すとき、夢への扉はもう開かれている。ベストセラー作家として、オピニオンリーダーとして第一線を歩みつづけている著者が、初めて明かした究極の願望達成法!　勇気をもって「最高の人生」への道を進むあなたに贈る、渾身の一冊。

文庫判／定価＝本体700円＋税